Overbeck | Oper. 100 Seiten

✳ Reclam 100 Seiten ✳

PETER OVERBECK, geboren 1963, ist Musikwissenschaftler, Tonmeister, Musikjournalist und Opernfan. Er forschte unter anderem über Händel, verfasst Artikel für Musikzeitschriften wie *Das Orchester* und *Rondo* und gibt sein Wissen als Professor für Trimediale Produktion und Prorektor an der Hochschule für Musik Karlsruhe an Studierende des Musikjournalismus weiter.

Peter Overbeck

Oper. 100 Seiten

Reclam

Für Felicitas, die mir ihre Begeisterung für die Opern von Händel, Mozart und Verdi weitergegeben hat.

2. durchgesehene und aktualisierte Auflage

2019, 2025 Philipp Reclam jun. Verlag GmbH,
Siemensstraße 32, 71254 Ditzingen
info@reclam.de
Umschlaggestaltung: zero-media.net, München
Umschlagabbildung: FinePic®
Infografik (S. 62 f.): Schwochow Visual Stories GmbH, Berlin
Bildnachweis: S. 26 mit Genehmigung von Tobias Wolff;
S. 38, 76 Conception by G. Ricordi & Co. Berlin; S. 47 Jim.henderson
Umschlagmaterial: Creative Print, Schabert
Druck und Bindung: Esser printSolutions GmbH,
Untere Sonnenstraße 5, 84030 Ergolding
Printed in Germany 2025
RECLAM ist eine eingetragene Marke
der Philipp Reclam jun. GmbH & Co. KG, Stuttgart
ISBN 978-3-15-020537-2
reclam.de

Für mehr Informationen zur 100-Seiten-Reihe:
reclam.de/100Seiten

Inhalt

Die Playlist zum Buch finden Sie online unter
reclam.de/oper_100_seiten bzw. unter:

Die Beispiele werden im Buch mit einem Notenschlüssel
kenntlich gemacht. Bei den Gesamtaufnahmen ist jeweils nur
der erste Track aufgenommen, mit einem Klick können Sie die
Gesamtaufnahmen anhören. Es wurde auf eine Bandbreite
von InterpretInnen geachtet.

[Die bei den Operntiteln in Klammern angegebenen Jahreszahlen bezeichnen – so nicht anders angegeben – das Jahr der Uraufführung. Zur besseren Lesbarkeit wird überwiegend die männliche Form gewählt, obwohl damit natürlich ebenso Sängerinnen, Intendantinnen, Musikerinnen, Besucherinnen und Bühnentechnikerinnen gemeint sind.]

Ouvertüre

Weihnachten 1973: Meine musikbegeisterte Mutter initiiert eine geraffte Aufführung von Engelbert Humperdincks *Hänsel und Gretel* im heimischen Wohnzimmer. Meine Schwester, ihre Klassenkameradinnen und ich haben die »Bühne« gestaltet – ein Hexenhaus aus Styropor, ein zum Käfig umfunktionierter Tisch, eine mit rotem Krepppapier abgedeckte Lampe für den Ofen, verschiedene Requisiten und Kostüme. Die Dialoge haben wir gesprochen, die eingängigen Lieder wie »Suse, liebe Suse«, »Brüderchen komm tanz mit mir« oder auch den »Abendsegen« zum Kassettenrekorder-Playback gesungen. Das Publikum: Klassenkameraden, Geschwister, Nachbarn. Mein Vater hat diese Aufführung vor den Eltern und Geschwistern der beteiligten Künstler auf Super-8-Film festgehalten (freilich ohne Ton, aber noch heute sind mir die Melodien lebendig im Ohr).

Dies war mein persönlicher Einstieg in die Welt der Oper. Drei Jahre später: Mozarts *Zauberflöte*. Ich ging mit meiner Mutter und meiner Schwester ins Kino; denn dort wurde die Filmfassung des Regisseurs Ingmar Bergman (Originaltitel: *Trollflöjten*, 1975) gezeigt – in schwedischer Sprache mit deutschen Untertiteln. Der Film vermittelt nicht nur die Magie des

Werks, sondern ermöglicht auch im wahrsten Sinne des Wortes einen Blick hinter die Kulissen. Gedreht wurde im Rokoko-Theater des schwedischen Schlosses Drottningholm aus dem Jahr 1766, dessen originale Bühnentechnik mit Falltüren, künstlichen Wellen und der Möglichkeit rascher Verwandlungen des Bühnenbildes durch Muskelkraft noch heute erhalten ist. Während der Ouvertüre richtet sich die Kamera auf die Faszination in den Gesichtern der Zuschauer. Die Wiedergabe der Handlung selbst wird mit Szenen hinter der Bühne überblendet, man sieht die Künstler in der Maske oder vor ihrem Auftritt und erlebt die Maschinerie eines Barocktheaters. Zudem ergänzt Bergman die Bühnenhandlung durch Außenaufnahmen, etwa von einer Schneeballschlacht der drei Knaben. Dieser Film hat mir die Magie des Musiktheaters vermittelt.

Hänsel und Gretel und *Die Zauberflöte* sind jene Werke, mit denen Kinder und Jugendliche gerne an die Oper herangeführt werden: Beide Werke erzählen musikalische Märchen, und viele ihrer Melodien können Kinder nachsingen; die Eignung als »Oper für Kinder« darf aber nicht darüber hinwegtäuschen, dass es sich um durchaus komplexe Kompositionen handelt. Der sinfonische Orchesterklang von *Hänsel und Gretel* ist stark von Wagner beeinflusst, die zeitlose Musiksprache der *Zauberflöte* lotet zugleich die Extreme der Stimmfächer aus: Die Königin der Nacht mit Spitzentönen und Koloraturen auf der einen Seite, auf der anderen Sarastro als Pendant in der Tiefe. Das Werk setzt sich sehr bewusst mit der Tradition des Singspiels auseinander, aber auch mit der Tradition der Oper an sich. Vor allem aber enthält es Melodien, die man nicht vergisst.

Bei einer Klassenfahrt besuchte ich dann zum ersten Mal ein »richtiges« Opernhaus. Die Vorstellung in Berlin war ausverkauft, eine freundliche alte Dame schenkte mir eine Karte,

Loge, 1. Rang, 1. Reihe. Auf der Bühne gab es – so die Erinnerung – eine dramatische Handlung mit einiger Künstlichkeit und natürlich viel Pathos, laute Sängerinnen und Sänger, dazu einen wuchtigen Orchesterklang, Gewalt, Mord und schließlich Selbstmord: Puccinis *Tosca*.

Dies war der Beginn einer lebenslangen Leidenschaft. Kein Weg war mir zu weit, kein Werk zu lang (Richard Wagners *Ring des Nibelungen* hat eine Spieldauer von insgesamt 16 Stunden), keine Handlung zu abstrus (man behauptet gelegentlich, die von Verdis *Trovatore* sei völlig unverständlich). Mit der Oper ist es wie mit manchen Delikatessen. Man liebt sie oder man hasst sie. Rational kann man sich diesem »unmöglichen Kunstwerk« (so der Kunsthistoriker Oskar Bie zu Beginn seiner Operngeschichte) nur bedingt nähern. Aber wer einmal auf den Geschmack gekommen ist, der kann sich kaum entziehen.

Um die Faszination der Oper soll es in diesem Buch gehen, nicht behandelt werden die anderen Gattungen des Musik-Theaters, Tanztheater, Musical und Operette. Die Oper ist eine der aufwändigsten Theaterformen, sie erfordert Sänger, ein mehr oder weniger großes Orchester, Regiearbeit, Kostüme und Bühnenbilder.

Jeder weiß, dass das, was auf der Bühne passiert, Spiel ist, dass man nicht wie Pamina und Papageno in der *Zauberflöte* auf der Flucht singend über sein Schicksal sinnieren würde oder als Schwindsüchtige noch sterbend schöne Melodien auf den Lippen hätte wie Mimì in Puccinis *La Bohème* oder Violetta in Verdis *La Traviata*.

Und doch zieht uns das Musiktheater in seinen Bann. Die oftmals archaisch grundierten Geschichten um Themen wie Liebe, Hass, Treue, Verrat und Tod wirken berührend, lösen bei Publikum wie Mitwirkenden mitunter starke Emotionen aus. Gesellschaftlich genießt die Oper einen hohen Stellenwert, sie gilt als edel, luxuriös, anspruchsvoll, als Ort der Reichen und Schönen, kurz: als etwas Besonderes. Für den Adel, wohlhabende Bürger und Staatsmänner war sie seit jeher ein Inbegriff der Hochkultur.

Man darf sich jedoch nicht von medial inszenierten Events wie den Festspieleröffnungen in Bayreuth oder Salzburg täuschen lassen: Ein Opernbesuch muss keine teure Angelegenheit sein. Natürlich kann ein Platz im Parkett zur Saisoneröffnung der Mailänder Scala schon mal bis zu 3200 € plus 10 % Vorverkaufsgebühr kosten, in der Spielzeit selbst sind es dann aber »nur« noch maximal 250 €. Das Preisspektrum der Wiener Staatsoper reichte in der Saison 2024/2025 von 4,50 € für die günstigsten Stehplätze bis zu 295 € für Parkettplätze bei Premieren.

Viele Opernhäuser bieten Repertoirevorstellungen zu moderaten Preisen und entsprechende Ermäßigungen für Studierende und Empfänger von Sozialleistungen an. Dann sind Karten bereits zu einstelligen Europreisen zu haben, durch Abonnements kann man zusätzlich sparen. Und mit etwas Glück bekommt man über Last-Minute-Tickets gelegentlich sogar Spitzenplätze zu einstelligen Eurobeträgen.

Wie viele Opern gibt es?

Opern gibt es seit nunmehr über 400 Jahren. Von den geschätzten 80 000 bis 100 000 seit 1600 sind viele allenfalls noch in Werkverzeichnissen von Lexika zu finden, aber immerhin ca. 5000 bilden das Repertoire, d. h., sie werden zumindest gelegentlich aufgeführt. 1 % davon, also etwa 50 Opern, stehen heute regelmäßig auf den Spielplänen der Welt, darunter Hits wie Bizets *Carmen*, Mozarts *Zauberflöte* und Verdis *La Traviata*. Das sind nicht unbedingt jene Werke, die zu ihrer Entstehungszeit »Kassenschlager« waren und umgekehrt. Es gibt verschiedene Gründe, weshalb eine Oper »en vogue« sein kann, die nicht zwangsläufig mit ihrer Qualität und geschichtlichen Bedeutung zusammenhängen müssen: der jeweilige Zeitgeist, die politische Situation, soziale Veränderungen, die Bedeutung und der gesellschaftliche Rang des jeweiligen Komponisten. Strömungen oder Moden, die die Werke einer bestimmten Zeit oder eines bestimmten Komponisten in den Mittelpunkt rücken, gibt es immer wieder (Komponistinnen bilden bis heute leider eine marginale Minderheit). Komponisten wie Donizetti haben zu dem Genre über 70 Werke beigesteuert. Eine hohe Produktivität ist allerdings kein Garant dafür, dass Werke im Gedächtnis der Nachwelt haften bleiben. Auch für das »Ranking« der Aufführungen ist es nicht entscheidend, dass ein Komponist mit vielen Werken am Start ist: Obwohl Bizet weit weniger Opern komponiert hat als Donizetti, behauptet seine *Carmen* sich dauerhaft weit oben in den Top 10.

Sehr gut dokumentiert die Plattform operabase.com seit 1996, wo wann welche Oper gespielt wurde und in welcher Besetzung, interessant für den Opernfan und hilfreich für den Profi, da sich in der Premiumversion das aktuelle Repertoire der Künstler nachvollziehen lässt – unabdingbar für Operndirektoren und Disponenten, wenn es gilt, kurzfristig Einspringer für eine Rolle in einer selten gespielten Donizetti-Oper oder einem Werk des 20. Jahrhunderts zu gewinnen.

In den Jahren 2014 bis 2024 sind weltweit Opern von Mo-

Die 10 meistgespielten Opern in Deutschland (Saison 2023/2024)

	Titel (Komponist)	Aufführungen
1	*Hänsel und Gretel* (Humperdinck)	149
2	*Die Zauberflöte* (Mozart)	125
3	*La Bohème* (Puccini)	110
4	*Carmen* (Bizet)	79
5	*La Traviata* (Verdi)	75
6	*Eugen Onegin* (Tschaikowski)	72
7	*Il Barbiere di Siviglia* (Rossini)	71
8	*L'Elisir d'Amore* (Donizetti)	55
9	*Tannhäuser* (Wagner)	50
10	*Der Freischütz* (Weber)	45

Tabelle auf Basis einer Auswertung von operabase.com.
[1, vgl. dazu die Linkliste am Ende des Buches]

zart Spitzenreiter mit über 4000 Aufführungen pro Jahr, es folgen Opern von Verdi und Puccini mit im Schnitt knapp 4000 bzw. 3200 Aufführungen pro Jahr. Opern von Rossini und Tschaikowski sind mit ca. 1500 bzw. 1400 Aufführungen pro Jahr vertreten.

Fast 240 000 Menschen, also so viele Einwohner wie zweieinhalb deutsche Großstädte, haben in einem Jahr eine Aufführung der *Zauberflöte* gesehen. Vergleicht man die 10 meistgespielten Opern in Deutschland mit jenen weltweit, so gibt es Unterschiede: Puccinis *Bohème*, Verdis *La Traviata*, Mozarts *Zauberflöte*, Rossinis *Barbiere di Siviglia* und Bizets *Carmen* belegen auch weltweit Spitzenplätze, während Werke des deutschen Repertoires (*Hänsel und Gretel*, *Der Fliegende Holländer*) dort keine große Rolle spielen.

Wer geht heutzutage in die Oper?

Mit Oper verbindet man eher ein älteres und wohlhabendes Publikum. Tatsächlich ist der Altersdurchschnitt des Opernpublikums höher als in anderen Sparten wie z. B. Schauspiel, aber auch Tanz (wobei sich hier die ballettbegeisterten Enkelinnen in Begleitung ihrer Mütter oder Großmütter vorteilhaft auf die Altersstruktur auswirken).

Charakteristisch für den typischen Opernbesucher ist sein bildungsbürgerlicher Hintergrund, was mit der gesellschaftlichen Veränkerung dieser Kunstform an sich ebenso zu tun haben mag wie allgemein mit dem Image von Kultur – wobei kluge Inszenierungen Besucher aller Alters- und Gesellschaftsschichten ansprechen könnten und sollten.

Das tatsächliche Einkommen dürfte eine untergeordnete Rolle spielen, denn wie erwähnt bekommt man Opernkarten prinzipiell sehr günstig – günstiger jedenfalls als viele andere Freizeitaktivitäten.

Warum geht man in die Oper? Aufschlussreich ist eine Befragung des Publikums der Leipziger Oper, nach der es vier Arten von positiven Anreizen gibt:

◆ Genuss an der Opernmusik
◆ Normative Distinktion (kultureller Stellenwert) von Oper
◆ Relevanz der Oper für die eigene Identität
◆ Soziale Anerkennung (Rössel, S. 256 f.)

In anderen Städten können die Ergebnisse natürlich je nach Umfeld und Sozialstruktur variieren.

Top 10 Opern-Ohrwürmer – persönliche Auswahl

1. »Lamento di Arianna« aus *L'Arianna* (Fragment) von C. Monteverdi (1608): Leider ist von Monteverdis zweiter Oper nur dieses Lamento erhalten. Arianna betrauert darin herzergreifend die Abwesenheit ihres Geliebten Teseo; später wird sie von Bacco getröstet.

2. »Ombra mai fu« aus *Serse* von G. F. Händel (1738): In dem beliebten Arioso (einem Larghetto, heute gerne fälschlicherweise als »Largo« in langsamerem Tempo bezeichnet) äußert der Perserkönig Serse seine Zuneigung zu einer Schatten spendenden Platane – eigentlich ist diese Liebeserklärung an einen Baum viel zu schön, um nur zu besinnlichen Anlässen gespielt zu werden. Händel hat sich dazu durch eine Arie mit demselben Text und ähnlicher Melodie von seinem Komponistenkollegen Bononcini inspirieren lassen.

3. »Dies Bildnis ist bezaubernd schön« aus *Die Zauberflöte* von W. A. Mozart (1791): Prinz Tamino verliebt sich unmittelbar in das Gemälde von Pamina, das ihm die drei Damen überreicht haben, und er beschließt, sie zu befreien.

4. »Una voce poco fa« aus *Il Barbiere di Siviglia* von G. Rossini (1816): Das Mündel Rosina lässt in dieser Cavatine ihren Gefühlen für ihren Verehrer Lindoro (den verkleideten Grafen Almaviva) freien Lauf, warnt aber im zweiten, schnellen Teil koloraturreich, dass sie, wenn man sie reize, zu einer Viper werde.

5. »Casta diva« aus *Norma* von V. Bellini (1831): Die Arie der Norma in der gleichnamigen Oper gilt als ein Beispiel par excellence für den Belcanto. Die Druidenpriesterin Norma

selbst steht im inneren Konflikt, da sie ihr Keuschheits-
gelübde gebrochen hat. In diesem Gebet im 1. Akt lässt sie
die gerade geschnittene heilige Mistel segnen und erbittet
sich Frieden im Konflikt mit den Römern. Die »Norma«
war eine Paraderolle von Maria Callas.

6. »Va pensiero«, Chor aus *Nabucco* von G. Verdi (1842):
   Die in babylonischer Gefangenschaft befindlichen Hebräer
   klagen und rufen Gott um Hilfe an. Der sog. »Gefangenenchor« ist der berühmteste Chor aus Verdis Opern.

7. »La donna è mobile« aus *Rigoletto* von G. Verdi (1851):
   Der leichtlebige Herzog von Mantua mokiert sich über die
   Verführbarkeit der Frauen – konkret der Tochter des
   buckeligen Hofnarren Rigoletto.

8. »Mon cœur s'ouvre à ta voix«, Arie aus *Samson et Dalila*
   von C. Saint-Saëns (1877): In dieser Arie des 2. Aktes
   bezirzt Dalila auf Geheiß der Philister erfolgreich den als
   unbezwingbar geltenden Samson und entlockt ihm dann
   das Geheimnis seiner Stärke.

9. »Ebben, n'andrò lontana« aus *La Wally* von A. Catalani
   (1892): Gesungen von Wilhelmenia Fernandez, zieht sich
   die Arie motivisch durch den Film *Diva* von Jean-Jacques
   Beineix. Im Rahmen von Konzerten wird sie immer wieder
   gern zum Besten gegeben, die Oper selbst ist heute weniger
   bekannt.

10. »Nessun dorma« aus *Turandot* von G. Puccini (1926,
    posthum): Prinz Kalaf hat alle Rätsel gelöst, um das Herz
    der Prinzessin zu gewinnen und zugleich der Todesstrafe zu
    entgehen. Er stellt ihr seinerseits in Aussicht, sie von ihrem
    Heiratsversprechen zu entbinden, sollte sie bis Sonnen-
    aufgang seinen Namen herausfinden.

Laut operabase.com ist Österreich mit 149,6 Aufführungen pro einer Million Einwohner sozusagen das »Land der Oper«. Es folgen die Schweiz (98,3) und Estland (91,0). Deutschland wurde mit 86,4 in der Spielzeit 2017/2018 auf Platz 4 verdrängt, wenngleich es mit 7062 Aufführungen insgesamt deutlich vor seinen Konkurrenten lag (Österreich 1250, Schweiz 765 und Estland 122). [2] In der Spielzeit 2015/2016 gingen in Deutschland insgesamt 3,9 Millionen Menschen in die Oper. [3]

Das Gesamtsetting des Musiktheaters bietet Raum für Phantasien, weswegen es sich vielleicht nicht bloß zufällig auch in Kunstwerken anderer Gattungen widerspiegelt. Opernromane gibt es von Margriet de Moor (*Der Virtuose*, 1997) und Petra Morsbach (*Opernroman*, 1998), aber auch zwei der in Venedig verorteten Krimis der amerikanischen Erfolgsautorin und Opernliebhaberin Donna Leon spielen im Umfeld des Opernhauses La Fenice; allen sind außerdem Textzeilen aus Opernlibretti als Motto vorangestellt. Filme wie *Farinelli* (1994) des belgischen Regisseurs Gérard Corbiau widmen sich der prunkvollen Oper der Barockzeit.

Im Palais Garnier in Paris, dem vielleicht berühmtesten Opernhaus der Welt und Inbegriff der Grand Opéra, spielt der französische Roman *Das Phantom der Oper* (1909/10, frz.: *Le Fantôme de l'Opéra*) von Gaston Leroux. Er erschien zuerst als Fortsetzungsgeschichte in der Zeitung *Le Gaulois*, wurde dann auf die Bühne gebracht, mehrfach verfilmt und ist heute vor allem durch das gleichnamige Musical von Andrew Lloyd-Webber und Richard Stilgoe sehr bekannt. Populär ist auch der Film *Diva* von Jean-Jacques Beineix aus dem Jahr 1981, in dem der Fan der Opernsängerin Cynthia Hawkins ein Bootleg erstellt, also einen Mitschnitt ohne Einwilligung der Künstlerin, und dabei durch eine Verwechslung in die Fänge einer Gangsterbande gerät.

Kollegenurteile

Die Tatsache, dass Gioacchino Rossini *Il Barbiere di Siviglia* in nur 13 Tagen geschrieben haben soll, veranlasste seinen noch produktiveren Kollegen Gaetano Donizetti zu der Bemerkung: »Er war schon immer ein fauler Hund.«

Aber auch Rossini selbst konnte recht scharfzüngig sein. Über das Werk von Richard Wagner sagte er, dieses habe »schöne Momente, aber schreckliche Viertelstunden«; im Falle der Oper *Tannhäuser* war er der Ansicht: »Um sie richtig zu werten, muss man sie zweimal hören. Persönlich habe ich nicht die Absicht, sie noch einmal zu hören.«

Wagner seinerseits, der mit scharfen Urteilen gegenüber Kollegen sonst nicht zimperlich war, äußerte sich lobend über den Italiener: »Von allen Musikern, die mir in Paris begegnet sind, ist er der einzig wirklich große.«

Erster Akt
»Verachtet mir die Meister nicht«
(*Die Meistersinger*): Die Gattung Oper

Was ist eine Oper?

Was man heute landläufig Oper nennt, kann auch die genauere Bezeichnung Commedia lirica (Verdis *Falstaff*), Melodramma (Puccinis *Tosca*), Singspiel (Mozarts *Entführung aus dem Serail*) oder Bühnenweihfestspiel (Wagners *Parsifal*) tragen. Die Oper ist ein europäisches Phänomen, das in jedem Land individuelle Ausprägungen und Sonderformen erfahren hat. Die Ausgabe des *Riemann Musiklexikons* von 2012 definiert es so:

> **Oper** [von ital. opera »Werk«; engl. opera; frz. opéra], als Bez. einer mus. Gattung in Italien seit 1639 nachweisbar, in Frankreich und England seit dem späten 17., in Deutschland seit dem frühen 18. Jh., wurde jedoch zunächst neben anderen Bez. verwendet, so in Italien anfangs Dramma per musica (commedia in musica und dramma giocoso für das heitere Genre), in Frankreich Tragédie lyrique und Comédie, in Deutschland Singspiel (im weitesten Sinne für die

O. mit dt. Text). Vorherrschend wurde die Bez. O. in England schon im 18., in Frankreich und Deutschland seit dem 19. Jh., seltener bleibt der Name »mus. Drama« (frz. Drame lyrique). (Bd. 4, S. 46)

Drei Kriterien müssen demnach erfüllt sein, um eine »Oper« von anderen Formen der »Verbindung von Bühnendichtung und Musik« zu unterscheiden:

- ◆ Die Musik setzt eigene Mittel zum Ausdruck der Rede und Gebärde im szenischen Dialog und Monolog ein, um die dramatische Aktion zu verdeutlichen.
- ◆ Drama und Musik stehen in einer dialektischen Spannung.
- ◆ Es findet eine szenische Realisierung als dritte Komponente neben Musik und Drama statt.

Diese Kriterien sorgen für eine klare Abgrenzung zur Schauspielmusik (Musik ist nur Ergänzung) und zum Oratorium (Werk für Solostimmen, Chor und Orchester mit ursprünglich religiöser, später auch weltlicher Thematik, keine szenische Realisierung als Grundidee).

Die Opera seria (dt.: ernste Oper) hat als italienische Hofoper des 18. Jahrhunderts das Musikleben der europäischen Aristokratie entscheidend bestimmt. Entsprechend stehen meistens mythologische Figuren oder legendäre Herrscher, außerordentliche Ereignisse und edle Grundwerte im Mittelpunkt. Hierzu rechnet man z. B. viele Opern Händels, aber auch solche der Romantik von Rossini und Donizetti. Die französischen Formen sind einerseits stark durch den Tanz, andererseits durch das Sprechtheater geprägt (Comédie ballet bzw. Tragédie lyrique).

Die Opera buffa ist das heitere Gegenstück in zwei oder drei Akten, entstanden im 18. Jahrhundert, zeitgleich in Neapel und Venedig. Es ist hervorgegangen aus den komischen Zwischenspielen (Intermezzi) zwischen den Akten der Opere serie. Hauptfiguren sind Bauern, Diener oder Bürger; einige der Figuren entstammen der Commedia dell'Arte, der italienischen Stegreifkomödie. Meist werden überzeichnend Verhaltensweisen des alltäglichen Lebens oder die Feudalgesellschaft aufs Korn genommen, wobei schauspielerisch das komödiantische Talent der Sänger gefordert ist. Beispiele sind Giovanni Battista Pergolesis *La Serva padrona* (1733, dt.: *Die Magd als Herrin*) und Gaetano Donizettis *L'Elisir d'Amore* (1832, dt.: *Der Liebestrank*). Sozusagen zwischen ernst und heiter ist die »halbernste« Opera semiseria angesiedelt.

Die Opéra comique ist die französische Variante der Opera buffa, mit dem formalen Unterschied, dass an die Stelle von Rezitativen gesprochene Dialoge treten; inhaltlich rücken die komischen Elemente zugunsten der Darstellung romantischer Gefühle in den Hintergrund. Entstanden im Paris des 17. Jahrhunderts, spaltete sie sich Mitte des 19. Jahrhunderts auf: in Richtung der Operette einerseits, in Richtung der Grand Opéra andererseits. Ein gutes Beispiel für ein Werk zwischen diesen beiden Strömungen ist Bizets *Carmen*. Sie wurde 1875 als Opéra comique mit gesprochenen Dialogen uraufgeführt und floppte zunächst – wahrscheinlich verstörte die veristische Geschichte über eine verführerische Zigeunerin nach einer Novelle von Prosper Mérimée das Publikum zunächst, doch bereits die zweite Aufführung war ein Erfolg. Im deutschen Sprachraum ist das Pendant das Singspiel bzw. die Spieloper, in England die Ballad opera, in Spanien die Zarzuela.

Ein Phänomen, das man dem Namen nach eher im kulinarischen Bereich vermutet, ist das »Pasticcio« (ital.: ›Pastete‹, aber auch ›Mischmasch‹). Da Komponisten für bestimmte Ereignisse bisweilen in kurzer Zeit neue Opern generieren mussten, recycelten sie gelegentlich eigene oder fremde Stücke, die die Zuhörer (noch) nicht kannten, »vermischten« sie zu neuen Texten und Handlungen und konnten so in kürzester Zeit ihren Pflichten nachkommen.

Komplexe Gesamtkunstwerke wie Opern bedürfen der Untergliederung. Spätestens seit der Klassik ist die Ouvertüre als instrumentales Vorspiel fester eigener Bestandteil der Komposition. Sie kann – wie im Falle der sogenannten »französischen Ouvertüre« – ein Handlungselement musikalisch unterstreichen, in die Stimmung oder Grundhaltung des Werkes einführen oder als eine Art Potpourri die musikalischen Hauptmotive vorwegnehmen. Dies ist bei vielen Mozart-Opern, beim *Freischütz*, bei *Carmen* oder auch bei *La Traviata* der Fall.

Zentrale Elemente der Oper bis Mitte des 19. Jahrhunderts und teilweise darüber hinaus sind die Formen Rezitativ und Arie. Die Erzählungen und Gespräche in den Rezitativen treiben die Handlung voran (auch Morde und Umstürze werden gewöhnlich erzählt und finden nur ausnahmsweise auf offener Bühne statt). Es gibt Secco-Rezitative (ital.: *secco*, ›trocken‹) mit einfacher instrumentaler Generalbassbegleitung und Accompagnato-Rezitative mit reicher Instrumentalbegleitung zur Illustration extremer Situationen.

Dramatische Höhepunkte werden durch Arien hervorgehoben; in ihnen äußern die Solisten Gefühle (im Barock als »Affekte« bezeichnet), kehren danach aber wieder in die ihnen zugeteilten Rollen und Standesfunktionen zurück; beliebt ist das Da-Capo-Prinzip mit variiertem und improvisierend ausgeziertem Wiederholungsteil. Szenisch sind Arien zugleich häufig mit Auftritten oder Abgängen verbunden. Demgegenüber stehen Duette meist am Ende des zweiten Aktes; die Schlussszenen werden, sofern kein Chor vorgesehen ist, gewöhnlich von allen Solisten gesungen und unterstreichen damit zugleich die für alle einvernehmliche Lösung der Handlung.

In den sogenannten »Nummernopern« werden die einzelnen geschlossenen Musikstücke – Ouvertüre, Rezitative und Arien, Ensembles, Chöre, Ballette, Instrumentalzwischenspiele – im wahrsten Sinne des Wortes durchnummeriert und folgen stereotyp aufeinander. Eine Entwicklung des 18. Jahrhunderts ist es, einzelne Nummern zu größeren Szenen zusammenzufassen; das kündigt sich auch schon im Spätbarock an, ausgeprägt ist es bei Mozart, zum Beispiel im Finale des 2. Aktes von *Le Nozze di Figaro*. Die 2. Hälfte des 19. Jahrhunderts zeigt eine Tendenz zur durchkomponierten Oper. Besonders Richard Wagner suchte quasi ein musikalisches Äquivalent zur Vortragsweise von Sprechtexten. Das Extrem ist dann ein Kontinuum von fast zwei Stunden wie im Falle von Richard Strauss' *Salome* (1905) oder *Elektra* (1909) mit integriertem Instrumentalvorspiel. Hier muss der Opernbesucher sogar auf die gewohnte Pause verzichten.

Wie alles begann

Monteverdi, Händel, Gluck, Mozart, Rossini, Bellini, Donizetti, Verdi, Wagner, Puccini, Strauss. Die Opern dieser Komponisten prägen zum einen das Repertoire, zum anderen sind sie stilprägend für Epochen und für die nachfolgenden Komponistengenerationen.

Die Entstehung der Oper als Ausgangspunkt einer der zentralen Gattungen der europäischen Musikgeschichte ist eigentlich auf ein Missverständnis aus der Zeit der Renaissance zurückzuführen. Die Mitglieder der »Florentiner Camerata« – einer Vereinigung von Adligen, Gelehrten und ausübenden Musikern am Hof der Medici, versuchten um 1580, die griechische Tragödie wiederzubeleben; sie waren der Ansicht, dass bei ihr der Gesang eine zentrale Rolle spielte, doch niemand wusste, wie das geklungen haben könnte. Deswegen unternahm man das Experiment, die Texte so zu singen und instrumental zu begleiten, dass ihre Aussage gut verständlich bleibt. Text vor Musik gewissermaßen. Für diese Art des Vortrags zwischen Singen und Sprechen wurde der Begriff »recitar cantando«, also »singend deklamieren«, verwendet, für die Form der Begriff »Dramma per Musica«. So entstanden in Florenz die ersten Werke: Jacopo Peris *Dafne* (1598, Musik verschollen) und *Euridice* (1600) sowie *Euridice* (1602) von Giulio Caccini.

Für die nachhaltig wirksame Umsetzung solcher Ideen bedurfte es jedoch eines musikalischen Genies wie Claudio Monteverdi (1567–1643). Im seinerzeit fortgeschrittenen Alter von 40 Jahren komponierte er für Mantua, wo er seit 1601 am Hofe der Gonzaga als musikalischer Kapellmeister tätig war, zu einem Libretto von Alessandro Striggio sein erstes musiktheatralisches Werk. *L'Orfeo* (1607) erzählt den bekannten Mythos um den Sänger Orpheus, der durch seine Kunst bei den Göttern der Unterwelt die Rückgabe seiner verstorbenen Gattin Eurydike zu erwirken sucht. Musikalisch charakterisiert Monteverdi in diesem Werk die Figuren mit den Klangfarben von 33 verschiedenen Instrumenten.

Die Monodie, also der Sologesang mit Generalbassbegleitung, war ein Bruch mit der Polyphonie der Renaissance (in der Begrifflichkeit von Monteverdi: Prima pratica) und wurde – quasi auf den Punkt genau zum Wechsel des Jahrhun-

Daten der Operngeschichte im Überblick

(UA = Uraufführung)

1598 **UA** Jacopo Peri: *Dafne* in Florenz (Palazzo Corsi)

1607 **UA** Claudio Monteverdi: *L'Orfeo* in Mantua (herzoglicher Palast)

1637 Eröffnung des Teatro San Cassiano in Venedig, des ersten öffentlichen Opernhauses

1643 **UA** Claudio Monteverdi: *L'incoronazione di Poppea* in Venedig (Teatro Santi Giovanni e Paolo)

1678 Eröffnung der Hamburger Oper am Gänsemarkt, des ersten öffentlichen Opernhauses auf deutschem Boden

1684 (?) **UA** Henry Purcell: *Dido and Aeneas* in London

1711 **UA** Georg Friedrich Händel: *Rinaldo* am Londoner Haymarket (Queen's Theatre)

1733 **UA** Giovanni Battista Pergolesi: *La serva padrona* in Neapel (Teatro San Bartolomeo) – 1752 in Paris Auslöser für den Buffonisten-Streit

1786 **UA** Wolfgang Amadeus Mozart: *Le Nozze di Figaro* in Wien (Burgtheater)

1787 **UA** Wolfgang Amadeus Mozart: *Don Giovanni* in Prag (Nationaltheater)

1805 **UA** Ludwig van Beethoven: *Fidelio* in Wien (Theater an der Wien)

1821 **UA** Carl Maria von Weber: *Der Freischütz* in Berlin (Schauspielhaus)

1826 **UA** Carl Maria von Weber: *Oberon* in London (Covent Garden)

1829 **UA** Gioacchino Rossini: *Guillaume Tell* in Paris (Académie Royale de Musique)

1830   Eine Aufführung von Daniel-François-Esprit Aubers
La Muette de Portici in der Brüsseler Oper ist Auslöser für
die belgische Revolution

1842   **UA** Giuseppe Verdi: *Nabucco* in Mailand (Teatro alla Scala)

1850   **UA** Richard Wagner: *Lohengrin* in Weimar (Hoftheater)

1876   **UA** von Richard Wagners komplettem *Ring des Nibelungen*
in Bayreuth (neuerbautes Festspielhaus)

1882   **UA** Richard Wagner: *Parsifal* in Bayreuth (Festspielhaus)

1893   **UA** Giuseppe Verdi: *Falstaff* in Mailand (Teatro alla Scala)

1900   **UA** Giacomo Puccini: *Tosca* in Rom (Teatro Costanzi)

1902   **UA** Claude Debussy: *Pelléas et Mélisande* in Paris (Salle
Favart)

1905   **UA** Richard Strauss: *Salome* in Dresden (Semperoper)

1911   **UA** Richard Strauss: *Der Rosenkavalier* in Dresden
(Königliches Opernhaus)

1925   **UA** Alban Berg: *Wozzeck* in Berlin (Staatsoper)

1926   **UA** Giacomo Puccini: *Turandot* in Mailand (Teatro alla
Scala), unvollendete Version durch Toscanini

1937   **UA** Alban Berg: *Lulu* (Akte 1 and 2) in Zürich (Stadttheater), 1979 **UA** der dreiaktigen Version, vervollständigt
von Friedrich Cerha in Paris (Opéra Garnier)

1951   **UA** Igor Strawinsky: *The Rake's Progress* in Venedig
(La Fenice)

1957   **UA** Arnold Schönberg: *Moses und Aron* in Zürich
(Opernhaus, posthum, konzertant bereits 1954 in Hamburg
[NWDR])

1965   **UA** Bernd Alois Zimmermann: *Die Soldaten* in Köln
(Oper Köln)

1992   **UA** Wolfgang Rihm: *Die Eroberung von Mexiko* in
Hamburg (Staatsoper)

derts – der Beginn einer neuen Form des musikalischen Erzäh-
lens. Diese Seconda pratica räumte dem Ausdruck des Textes
Vorrang vor dem Tonsatz ein und ermöglichte zudem satz-
technische Freiheiten gegenüber bisher gültigen Regeln, etwa
bei der Behandlung von Dissonanzen.

Monteverdi war zwar bei seinen Zeitgenossen berühmt, geriet dann aber rasch in Vergessenheit. Seine Werke mussten
Ende des 19. Jahrhunderts wiederentdeckt werden. Heute ist er
gewissermaßen bei jeder Übertragung eines Musikereignisses
durch die EBU (Europäische Rundfunkunion) präsent, denn
die zu Beginn eingespielte Euroradio-Fanfare ist die eröffnen-
de Toccata des *Orfeo*.

Zweiter Akt
»Prima la musica, poi le parole« (Salieri): Vom Stoff zur Oper

Zentral für das Gesamtkunstwerk Oper ist neben der Musik natürlich der Text. »Es ist eine Menge von Worten und geht gelegentlich bei Reclam zu kaufen«, so Peter Hacks' etwas eigenwillige Definition für »Libretto«. Konkreter heißt es im *Riemann Musiklexikon*: »Libretto, Italienisch das kleinformatige Textbuch und der Text selbst zu musikalisch-szenischen Werken, besonders zu Opern, Operetten, Singspielen und Musicals.« (Bd. 3. S. 201)

Zentraler Librettist des 18. Jahrhunderts war Pietro Metastasio (1698–1782). Sein Libretto-Schema des dreiteiligen Intrigenstücks um idealisierte antike Gestalten ist das Modell für einen Großteil der Opere serie bis in die 2. Hälfte des 18. Jahrhunderts. Metastasio gliederte seine Texte nicht nur in Rezitative und Arien bzw. Ensembles, sondern gab den Komponisten durch die Wahl des Versmaßes für die Arien auch schon vor, wie sie diese rhythmisch zu gestalten hatten. Zugleich markierte er den Beginn jeder Arie durch einen Übergang von reimlosen Versen zu einer geschlossenen strophischen Form.

Allerdings sieht man etwa am Beispiel von Mozart, dass der Komponist ein bestehendes Libretto nicht immer wörtlich übernommen hat. *La Clemenza di Tito* wurde ca. 50 Mal vertont, im Fall von Mozart (1791) hat Caterino Mazzolà Metastasios Vorlage bearbeitet und sich die Freiheit genommen, die Textvorlage zu kürzen, umzustellen oder auch die sich wiederholenden Teile einer Arie wegzulassen, um den Ablauf zu beschleunigen.

Schon 1769 hatte der Komponist Nicolò Jommelli geklagt: »[D]ie ewigen vier Verse für jeden Teil der Arie, und obendrein fast immer zu sieben oder acht Silben. [...] Wenn der Dichter schon so viel singen will, bleibt dem armen Komponisten sehr wenig zu singen übrig.« (Nach Gier, S. 6) Die allgemeine Verbindlichkeit solcher formaler Muster geht allerdings seit Beginn des 19. Jahrhunderts allmählich verloren.

Weitere wichtige Stationen auf dem Weg zum Wagnerschen »Gesamtkunstwerk« sind die Reformopern und die Grand Opéra. Das Bestreben der Libretti der »Reformopern« von Christoph Willibald Gluck und Ranieri de' Calzabigi Mitte des 18. Jahrhunderts ist es, in der mythologischen Handlung der Darstellung wahrhaftiger Gefühle anstelle von Virtuosentum mehr Raum zu geben (*Orfeo ed Euridice* [1762], *Alceste* [1767]).

Mitte des 19. Jahrhunderts dominiert in Frankreich der von Eugène Scribe entwickelte Libretto-Typus der »Grand Opéra«. Er behandelt historische Stoffe und ist – ebenso wie dieses Buch – in fünf Akte aufgeteilt, mit obligatorischem Ballett. Er zeichnet sich aus durch aufwändige und wirkungsvolle Chorszenen mit spektakulärer Bühnenausstattung.

Als beispielhaft gilt die Zusammenarbeit zwischen Hugo von Hofmannsthal und Richard Strauss, wo ein literarischer

Schöngeist auf einen Theaterpraktiker traf. In einem von Strauss edierten Briefwechsel lässt sich über 30 Jahre das Ringen um den optimalen Text nachvollziehen: Ausgehend vom Einakter *Elektra* (1909), über den *Rosenkavalier*, *Arabella*, *Die Frau ohne Schatten* (im Briefwechsel mit Hugo von Hofmannsthal kurz als »Frosch« bezeichnet) bis hin zu *Daphne* (1938). Der kongeniale Librettist von Giuseppe Verdi war Arrigo Boito, selbst ein Komponist von Bedeutung, der unter anderem die Textgrundlage zu den späten Meisterwerken *Otello* und *Falstaff* lieferte.

Bei einer Oper ist der zeitliche Ablauf der Inszenierung im Wesentlichen von der Partitur vorgegeben, jedoch kann der Handlungsverlauf durch den Komponisten in der Arie gedehnt, in einem Buffo-Finale beschleunigt oder in Ensembles angehalten werden. Für Letzteres prägte Richard Strauss den Begriff des »kontemplativen Ensembles«. So schreibt er am 16. Mai 1909 in Zusammenhang mit der gemeinsamen Arbeit am *Rosenkavalier* an seinen Librettisten Hugo von Hofmannsthal:

Sehr schön wäre es, wenn Sie für den 2. Akt an ein kontemplatives Ensemble dächten, nach dem Moment, wo vielleicht gerade eine dramatische Bombe geplatzt ist, die Handlung stille steht und alles sich in Betrachtungen verliert. Solche Ruhepunkte sind sehr wichtig. Beispiele: 2. Akt *Lohengrin*, das große Ensemble, das sogenannte »dumpfe Brüten«. Das Meistersingerquintett. Auch *Barbier von Sevilla*, Schluß des ersten Aktes: As-Dur-Ensemble: Seht nur den Bartolo und den Basilio. (Strauss, Hofmannsthal, *Briefwechsel*, S. 62)

Auch im Sextett »Chi mi frena in tal momento« aus *Lucia di Lammermoor* bleibt die Zeit stehen. Jeder der Beteiligten verleiht für sich seinen Gefühlen Ausdruck – musikalische Harmonie bei gedanklicher Heterogenität. Gerade solche, »aus der Zeit gefallenen« Ensemble-Szenen machen den besonderen Reiz der Oper aus: sie entführen in eine andere Welt, lösen Betroffenheit aus oder lassen träumen. Und können deswegen manchmal nicht lang genug sein.

Stoffe

Grundsätzlich eignet sich jedes Thema als Opernstoff – vorausgesetzt, der Plot ist einigermaßen überzeugend und spannungsreich. Besonders populär sind natürlich konfliktvolle Geschichten rund um die Liebe: unerwiderte Liebe, Liebe über gesellschaftliche oder Standesschranken hinweg, Widersprüche zwischen Liebe und Staatsraison etc.

Um die Dynamik eines Plots – auch in Hinblick auf potentielle Opernskandale – einordnen zu können, muss man ihn aus seiner Zeit heraus betrachten. Was uns heute normal vorkommt, besaß vor 100, 200 oder 300 Jahren möglicherweise hinreichend gesellschaftlichen Sprengstoff. Man denke etwa an die Doppelmoral in *La Traviata*, der Geschichte der Kurtisane Violetta Valéry, an Carmen, die sich über alle Gesetze hinwegsetzt und einen Soldaten zur Fahnenflucht verleitet, oder auch an Lucia di Lammermoor, die nicht fremdbestimmt sein möchte, sondern ihrem Herzen folgt.

Beliebte Opernstoffe sind: die griechische Mythologie (Trojanischer Krieg, Ariadne- und Orpheus-Mythos), ebenso die deutsche und skandinavische Mythologie (z. B. in Wagners

Der Ring des Nibelungen), die Bibel (Altes und Neues Testament), die römische Literatur, z. B. die *Metamorphosen* von Ovid (die Verwandlungen sind bühnentechnisch dankbar und herausfordernd, z. B. Daphnes Verwandlung in einen Baum), und die ggf. fürs Theater umgedichteten Lebensgeschichten historischer Personen, wie Julius Caesar, Titus, Alexander der Große, Cato. Ebenfalls die Phantasie einiger Komponisten beflügelt haben die Werke des größten Dramatikers der Weltliteratur, William Shakespeare (z. B. die Verdi-Vertonungen von *Macbeth*, *Otello* und *Falstaff*, *Hamlet* von Ambroise Thomas oder *Die Lustigen Weiber von Windsor* von Otto Nicolai).

Musikalische Umsetzungen von Märchen der Brüder Grimm sind *Hänsel und Gretel* (Humperdinck), *Aschenputtel* (Rossinis *La Cenerentola*), *Der Mond* und *Die Kluge* (Orff), *Die Königskinder* (Humperdinck) sowie *Herzog Blaubarts Burg* (Bartók). Auch gibt es viele Literaturvertonungen, insbesondere im Rahmen der Literaturoper des 20. Jahrhunderts, aber auch schon vorher. Die Vorlagen können dramatische (Goethes *Faust*) oder auch erzählende (Manns *Tod in Venedig*) Werke sein.

Dem gelungenen Zusammenspiel aller Beteiligten obliegt es, auch zeitlich entferntere Handlungen in ihren menschlichen Grundkonflikten erfahrbar zu machen. Aufgrund der oft komplexen Beziehungsgeflechte kann es allerdings durchaus von Vorteil sein, die Basics vor dem Opernbesuch zu kennen. Nicht immer wird man so trefflich an die Hand genommen wie bei den Internationalen Händel-Festspielen in Göttingen, wo das Programmheft die Personenkonstellationen durch ein originelles Schaubild verdeutlicht, z. B. von *Agrippina*.

Opernkenner werden die Protagonistin einer der ersten Opern der Musikgeschichte wiedererkennen, nämlich die

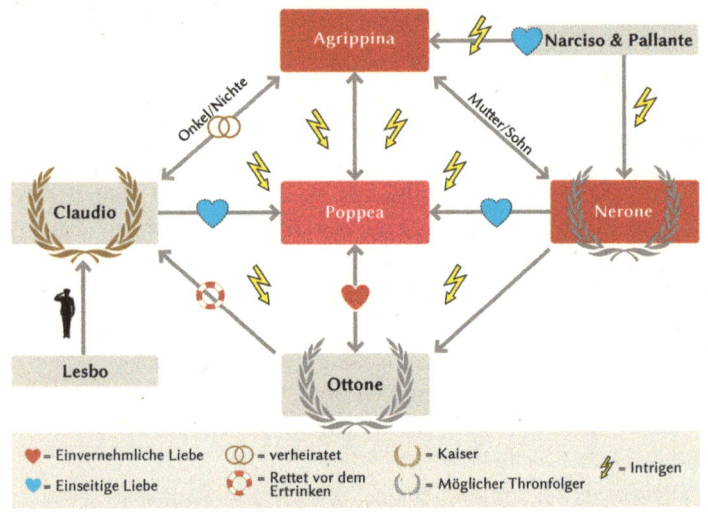

Beziehungsgeflecht der Oper *Agrippina* von Tobias Wolff (2015).
Graphische Umsetzung durch Heinrich Kreyenberg

Poppea aus *L'incoronazione di Poppea* von Claudio Monteverdi
(1641).

Auf der Opernbühne gibt es nicht nur ungewöhnliche Stoffe, sondern mitunter auch kuriose Protagonisten. So bleibt
Fenella, die Titelfigur von Daniel-François-Esprit Aubers
Muette de Portici (1828), wie im Titel angekündigt, tatsächlich
stumm, in Jean-Philippe Rameaus *Platée* (1745) ist die Haupt-
person eine hässliche Sumpfnymphe, die sich nach Liebe und
Anerkennung sehnt, und Mozarts Papageno erscheint als Vo-
gelmensch verkleidet. Donizettis Nemorino stottert zwar zunächst, kann sich aber dank einem Fake-Liebestrank aus Rot-
wein davon befreien und seine Angebetete Adina für sich ge-

winnen. Anders ergeht es da seinem Leidensgenossen Wenzel in Smetanas *Verkaufter Braut*. Beliebt in den Buffo-Opern des 18. Jahrhunderts sind stotternde Notare (die wegen des Makels keine Anwälte sind).

Insgesamt bietet die Oper ein sehr vielfältiges Personal: Bucklige, Zwerge, Riesen, Nornen, Walküren, Rheintöchter, Waldvögel, Vampire. Zur »Grundausstattung« der romantischen Oper, insbesondere der Schaueropern, gehören zudem Geistererscheinungen.

Die Sprache: Vom Sprechen zum Singen

Die Diskussion, ob eher der Musik oder dem Text Vorrang gebührt, zieht sich durch die gesamte Operngeschichte. Das tatsächliche Verhältnis wechselt je nach Epoche, bis hin zu einer Gleichberechtigung in der Literaturoper des 20. (und 21.) Jahrhunderts. Auf der Metaebene wird das Problem in zwei Werken thematisiert: *Prima la musica e poi le parole* (1786, dt.: *Erst die Musik, dann die Worte*) des Mozart-Zeitgenossen Antonio Salieri und in der letzten Oper von Richard Strauss, *Capriccio* (1942). (Das Libretto zu *Capriccio* verfasste der Komponist gemeinsam mit dem Dirigenten Clemens Krauss, es geht aber auch auf Ideen von Stefan Zweig und Josef Gregor zurück.) Die Oper spielt in der Nähe von Paris um 1775 zu der Zeit, als der Initiator der Reformoper, Christoph Willibald Gluck, in Paris tätig war. Ein Dichter und ein Komponist buhlen um die Gunst der jungen Gräfin Madeleine, die sich – das ist durchaus symbolisch zu sehen – zwischen ihnen nicht entscheiden kann. Zur Beschreibung der untrennbaren Verschränkung von Text und Musik wird das Bild eines Gewebes gewählt:

»Soll ich dieses Gewebe zerreißen? Bin ich nicht in ihm selbst schon verschlungen? [...] Wählst du den einen – verlierst du den andern! [...] Willst du zwischen zwei Feuern verbrennen?«

Komponisten haben sich gerne von besonders wirkungsvollen Stoffen inspirieren lassen, so dass es nicht nur zahlreiche Opern zum Orpheus-Mythos, zu Shakespeare-Werken und zu Faust gibt, sondern auch nach der Metastasio-Ära immer wieder Vertonungen derselben Libretti. Heute sind nicht unbedingt die seinerzeit bekanntesten Vertonungen bestimmter Stoffe populär. So fiel Gioacchino Rossinis bekannteste Oper *Il Barbiere di Siviglia* (1816) bei der Uraufführung durch, da das Publikum es für eine Vermessenheit hielt, dasselbe Libretto zu vertonen wie Paisiello zweieinhalb Jahrzehnte zuvor (1782). Bereits ab der zweiten Aufführung änderte sich das, und inzwischen kennen nur noch wenige Operngänger die frühere Vertonung.

Der »Barbier von Sevilla« namens Figaro ist wahrscheinlich der bekannteste Vertreter seiner Zunft (deshalb auch Namensgeber vieler Friseursalons). Operntechnisch gesehen, wechselt er später den Beruf. In Da Pontes Libretto zu Mozarts *Le Nozze di Figaro* ist er inzwischen in Diensten des Grafen, dem er bei Rossini hilft, Rosina zu erobern und zu ehelichen – und der nun Figaros Verlobte Susanna begehrt. Es ist ein Kuriosum, dass der erste Teil der Geschichte in einer jüngeren Vertonung durch Rossini und die Fortsetzung durch die frühere Vertonung von Mozart besonders bekannt ist – das kann dann schon einmal verwirren.

Bis Mitte des 20. Jahrhunderts wurden Opern in der Landessprache aufgeführt und fremdsprachige Werke konsequent übersetzt, so dass z. B. das Wagnersche *Rheingold* in Italien als *L'Oro di Reno* auf dem Spielplan stand. Nur die aus Italien importierten Opere serie im 18. Jahrhundert erfreuten sich als »Importprodukte« auch außerhalb Italiens großer Beliebtheit in italienischer Sprache und wurden meistens von italienischen Künstlern aufgeführt. Das Publikum konnte die Libretti mit Übersetzung im noch nicht abgedunkelten Zuschauerraum mitverfolgen. Bei den erwähnten Pasticci beließ man bisweilen die einzelnen Bestandteile in der jeweiligen Ursprungssprache, was an der Hamburgischen Oper am Gänsemarkt zu dem Kuriosum führte, dass die Arien auf Italienisch und die Lieder und Dialoge auf Deutsch oder gar Plattdeutsch dargeboten wurden.

Heutzutage werden Opern bis auf wenige Ausnahmen in der Originalsprache aufgeführt. Bei Sängerinnen und Sängern werden Sprachkenntnisse in Italienisch und Französisch quasi vorausgesetzt. Vor allem, wenn es komplizierter wird, unterstützen in der Probenphase mitunter Sprachcoachs. Einige wenige Häuser wie z. B. die Wiener Volksoper, das Münchner Gärtnerplatz-Theater, die Komische Oper Berlin und in England die English National Opera, bieten weiterhin Opern überwiegend in Nationalsprache.

Dass heute überwiegend in der Originalsprache gesungen wird, geht auf Herbert von Karajan (1908–1989) zurück. Im Hintergrund standen jedoch nicht Bestrebungen, der Intention von Librettist und Komponist am besten zu entsprechen, sondern rein organisatorische, um nicht zu sagen monetäre Überlegungen: Von Karajan wurde in den 60er und 70er Jahren aufgrund seiner Ämterhäufung gerne als »GMD (Generalmusikdirektor) Europas« bezeichnet – er war nicht nur Chef der Berliner Philharmoniker (ab 1955), sondern auch Direktor der Wiener Staatsoper (1956 bis 1964) und künstlerischer Leiter der Salzburger Festspiele (1956–1960) sowie der von ihm gegründeten Salzburger Osterfestspiele (seit 1967). Die Aufführungen in Originalsprache ermöglichten internationale Koproduktionen und insbesondere eine weltweite Vermarktung der Ton- und Bildträger, die im Zuge der Proben entstanden und bei den Aufführungen gleich verkauft werden konnten. Die Übersetzungen finden sich bei Tonträgern dann in den Booklets, bei Bildträgern in Untertiteln.

Da man selbst muttersprachliche Texte gesungen nicht immer versteht – beispielsweise bei opulentem Orchester oder bei Sängern, die des Deutschen nicht mächtig sind –, werden inzwischen in vielen Theatern nicht nur fremdsprachige Opern, sondern auch deutschsprachige, z. B. von Richard Wagner und Richard Strauss, mit Projektionen oberhalb des Bühnenportals übertitelt. In einigen Opernhäusern geschieht dies über Einblendungen in die Rückenlehne des Vordersitzes – sogar mit Auswahlmöglichkeit für die gewünschte Sprache.

Der Vorteil der Nationalsprache: Das Publikum versteht den Text. Der Nachteil: Der Text muss so übersetzt werden, dass er sangbar, d. h. mit Rhythmus und ggf. Reimschema des Originals kompatibel ist. Das gelingt in der Regel nicht in wörtlicher Übersetzung, sondern nur in veränderter Form.

Jede Übersetzung ist ein Kind ihrer Entstehungszeit – oder, um es drastischer mit einem italienischen Spruch auszudrücken: »Tradutore – traditore« – zu Deutsch: Übersetzer = Verräter, denn Übertragungen sind geprägt durch die Sprache ihrer Zeit, deren Moralvorstellungen oder auch durch Zensur-bestimmungen.

Auf der Strecke bleiben dabei gegebenenfalls das von Librettist und Komponist gewollte Korrespondieren von Text und Musik, der eine zweite Ebene erschließende Wortwitz oder Zwischentöne gegen gesellschaftliche Konventionen oder politische Haltungen.

So wird aus der despektierlichen Verkleinerungsform »Signor Contino« (wörtl. »Herr Gräflein«) in Lorenzo da Pontes Text von Figaros Kavatine im ersten Akt von *Le Nozze di Figaro* in der deutschen Übersetzung zwei Jahre nach der Uraufführung für den Donaueschinger Hof respektvoll ein »seiner Gnaden«, während Karl Wolfskehl 1929 seine Übersetzung mit »Falls unser Gräflein zu tanzen getraute« beginnt.

Zensur

Um Konflikte mit der Obrigkeit zu vermeiden, wurde die Handlung von Barockopern in ferne Länder verlegt. Mozarts Librettist Lorenzo Da Ponte hat mit Geschick die Genehmigung für sein Libretto *Le Nozze di Figaro* erhalten, obwohl Aufführungen der zugrundeliegenden Komödie *La folle journée ou Le Mariage de Figaro* (1784) von Pierre-Augustin Caron de Beaumarchais aufgrund der darin offen zum Ausdruck gebrachten Kritik an der Adelsherrschaft verboten worden waren. Giuseppe Verdi musste auf Forderung der Zensurbehörde die Handlung seines *Un Ballo in Maschera* (1859) vom schwedischen Hof ins ferne Boston verlegen und für *Rigoletto* (1851) den König aus Victor Hugos *Le roi s'amuse* zum Herzog degradieren, weil ein sich »amüsierender« König auf der Bühne undenkbar war.

Dritter Akt »Casta diva« (*Norma*):
Die Protagonisten: Sänger, Sängerinnen
und Dirigenten

Sängerinnen und Sänger umweht ein Nimbus wie Filmstars, Fußballweltmeister oder Wimbledon-Sieger. Ähnlich wie dort verschmelzen bei Opernfiguren gelegentlich Rolle und Person. So war Maria Callas die »Norma« – auf der Bühne wie im Leben. Der Tenor Mario del Monaco identifizierte sich so sehr mit seiner wichtigsten Bühnenrolle, dass er sich auf eigenen Wunsch in seinem Otello-Kostüm begraben ließ. Aber es geht noch weiter: *Falstaff* ist der Name eines Feinschmeckermagazins (*Falstaff – Internationale Zeitschrift für Essen, Trinken und Reisen*) und Tosca ein beliebtes Parfüm. Technikaffine Opernfans können seit 1996 anhand des Computerspiels *Opera fatal* Wissen rund um die Oper erwerben.

Die Arie der Königin der Nacht »Der Hölle Rache kocht in meinem Herzen« aus Mozarts *Zauberflöte* gehört in der Interpretation von Edda Moser zu den Musikstücken, die an Bord der Raumsonden Voyager 1 und 2 unser Sonnensystem verließen und außerirdischen Wesen – so es sie denn geben sollte – beispielhaft die Kultur unserer Erde nahebringen sollten.

Über die Oper und ihre Darsteller existieren einige weit verbreitete Klischees. Ein englisches Sprichwort lautet: »The opera's not over until the fat lady sings«, zu Deutsch: »Die Oper ist erst zu Ende, wenn die dicke Frau gesungen hat.« Sicherlich gibt es nach wie vor (allerdings weit weniger als früher) Sängerinnen (und natürlich Sänger), auf die diese Beschreibung zutrifft, es ist aber ein Irrtum, zu glauben, dass eine besondere Körperfülle zur Erzeugung voluminöser Töne erforderlich ist. Diese verdanken sich vielmehr dem individuellen Stimmmaterial, einer guten Gesangstechnik sowie künstlerischem Gestaltungsvermögen. Anna Netrebko und Jonas Kaufmann haben es mehrfach betont: Für den auch körperlich fordernden Job auf der Opernbühne sind Disziplin, eine besondere physische Konstitution und Kondition sowie ein gesunder Lebenswandel erforderlich. Man denke etwa an Partien wie Siegfried, Brünnhilde, Salome oder Elektra, die den Ausführenden über das Stimmliche hinaus auch darstellerisch einiges abverlangen. Oper ist letztlich Schwerstarbeit.

»Immer bekommt der blöde Tenor die Dame.« Diese andere weit verbreitete Annahme ist durchaus zutreffend. Dass dem so ist, liegt nicht unbedingt an den Verführungskünsten auf der Bühne – die machen die Angelegenheit nur glaubhafter – als vielmehr an den Besetzungskonventionen des Tenors als Held, folglich ab Wagner auch im Stimmfach des Heldentenors. Ebenso entspricht es der Konvention, dass der Bösewicht ein Bariton (Scarpia in *Tosca*) oder Bass (der Großinquisitor in *Don Carlo*) und die Nebenbuhlerin eine Mezzosopranistin oder Altistin (Amneris in *Aida*) ist. Eine leichte Modifikation erfordert die Aussage für die Barockoper, dort müsste sie lauten: »Immer bekommt der teure Countertenor die Dame.« Und natürlich: Keine Regel ohne Ausnahme – der

Mohr Monostatos in der *Zauberflöte* geht frauentechnisch am Ende leer aus, ist ziemlich böse und trotzdem Tenor.

In der Geschichte war es oft so, dass Komponisten Partien für Sängerinnen oder Sänger schrieben, die sie kannten, von deren stimmlichen Möglichkeiten sie also klare Vorstellungen hatten. Ein gutes Beispiel dafür sind Gioacchino Rossini und Isabella Colbran, die sich aufgrund ihrer stimmlichen wie darstellerischen Qualitäten als Idealbesetzung für die Gestaltung der tragischen Partien des Belcanto erwies. Von 1815 bis 1822 arbeiteten die beiden eng an den Opernhäusern Neapels zusammen, schließlich heirateten sie.

Ein Meister im Umgang mit Diven war offensichtlich Georg Friedrich Händel. Sein erster Biograph John Mainwaring (hier in der Übersetzung durch Johann Mattheson) berichtet von einer Probe des Komponisten mit Francesca Cuzzoni im Jahr 1723: »Händel geriet eines Tages mit der Cuzzoni in Wortstreit, weil sie die Arie ›False imagine‹ in der Oper *Ottone* nicht singen wollte. ›Oh! Madame‹, sagte er, ›ich weiß wohl, daß Ihr eine leibhaftige Teufelin seid, aber ich will Euch weisen, daß ich Beelzebub, der Teufel Obrister, bin.‹ – Darauf fassete er sie mitten um den Leib und schwur, er wollte sie aus dem Fenster werfen, wenn sie weitere Worte machen würde.« Die Cuzzoni zeigt sich einsichtig, Händel behält recht. Die Arie »False imagine« wurde zum Renner.

Einige Jahre nach dieser Begebenheit trafen in London gleich zwei Diven aufeinander. 1726 beginnt ein (inszenierter) Zickenkrieg zwischen den »Rival Queens« Faustina Bordoni und Francesca Cuzzoni – unterstützt von der Presse sowie einer Vielzahl an Satiren und künstlich angeheizt durch (neudeutsch gesagt) gutes Marketing. Im Juni 1727 dann der Eklat. Das *British Journal* vom 10. Juni informierte: »Am vergangenen Samstagabend kam es im Opernhaus zu einem großen Tumult, der von den Anhängern der beiden gefeierten Rivalinnen Cuzzoni und Faustina ausging. Der Disput wurde zunächst lediglich durch Zischen auf der einen Seite und Beifall auf der anderen ausgetragen; dann gab es Katzenrufe und weitere Ungehörigkeiten. Und all dies geschah in Anwesenheit von Prinzessin Caroline. Kein Respekt vermochte die Rohheit der Widersacher zu dämmen.« Angestachelt durchs Publikum, soll es bei anderer Gelegenheit gar zum Handgemenge auf offener Bühne gekommen sein.

Der Streit, der auch in einer Spottschrift mit dem Titel *The Rival Queens* (*Die rivalisierenden Königinnen*) dokumentiert ist, wurde gewissermaßen selbst zur Oper: Er diente als Vorlage für den Zank zwischen Lucy und Polly in *The Beggar's Opera* (1728) von John Gay und Johann Christoph Pepusch, die zugleich eine Parodie auf die italienischen Opern Händels war. Zwei Jahrhunderte später wurde dieses Eifersuchtsduett der Rivalinnen in der *Dreigroschenoper* (1928) von Bertolt Brecht und Kurt Weill aufgegriffen.

Die Singstimmen, Stimmlagen und -fächer

Der Ton der Stimme entsteht im Kehlkopf an den beiden Stimmlippen; kontrolliert geführte Atemluft bringt sie zum Schwingen. An der Ausbildung des Klangs sind die Resonanzräume des Kopfes, die Artikulationsbereiche des Mundes und der Vokaltrakt, manchmal auch Ansatzrohr genannt, beteiligt. Wenn man erkältet ist, spürt und hört man, welche Veränderungen die zeitweise beeinträchtigten Resonanzräume des Kopfes am Stimmklang bewirken.

Eine wichtige Buchveröffentlichung für die Opernpraxis ist seit Jahrzehnten das *Handbuch der Oper*, ursprünglich von Rudolf Kloiber. Es enthält rund 340 Werkbeschreibungen und im Anhang Informationen zu Besetzungsfragen sowie zu den Fachpartien. Die Zuordnung zu Stimmfächern und die Festlegung, ob es sich um eine große (also umfangreichere und anspruchsvolle) oder kleine Partie (Nebenrolle) handelt, ist auch von ganz praktischer Relevanz für die Ausgestaltung von Verträgen der Opernsängerinnen und -sänger.

Die vier Grundstimmgattungen sind: Sopran, Alt, Tenor, Bass mit den Zwischengattungen Mezzosopran bei Frauen und Bariton bei Männern. Es werden in etwa folgende Umfänge vorausgesetzt: Sopran: c–c''' (evtl. Spitzentöne bis f''' wie in den Arien der Königin der Nacht), Mezzosopran: a–a'', Alt/Altus: f–f'', Tenor: c–h' (evtl. bis c'' [das berühmte »hohe C«]), Bariton: G–g', Bass: E–e' (tiefer Bass bis z. B. D [Osmin in *Die Entführung aus dem Serail*] oder F [Sarastro in *Die Zauberflöte*]). Der Wechsel von einer Stimmgattung in eine benachbarte im Verlauf einer Karriere ist nicht ungewöhnlich.

Für die Bühnenpraxis erfolgt noch eine Differenzierung der Stimmgattungen nach Qualität, Umfang, Volumen sowie gesanglichen und darstellerischen Anforderungen. Als Stimmfächer unterscheidet Kloiber seriöse Fächer (bei denen stimmliche Qualität und Linienführung im Mittelpunkt stehen) und Spiel- und Charakterfächer (hier sind zusätzlich besondere darstellerische Fähigkeiten, Spielbegabung und Humor gefragt).

Alle Stimmfächer werden zudem jeweils analog in drei Kategorien unterteilt: lyrisches Fach / Zwischenfach / Heldenfach – z. B. Lyrischer Sopran, Jugendlich-dramatischer Sopran und (hoch-)dramatischer Sopran. Seit den 1830er-Jahren zeigt sich in den Opern der Generation von Vincenzo Bellini bzw. Gaetano Donizetti und bei Giacomo Meyerbeer die Tendenz zur Dramatisierung. Sehr populär sind die dramatischen Fächer bei Richard Wagner und Giuseppe Verdi; so ist Siegfried im *Ring des Nibelungen* ein typischer Heldentenor und Isolde in *Tristan und Isolde* ein typischer hochdramatischer Sopran.

Die Wiederentdeckung der Barockmusik hat zur Verbreitung der Stimmlage des mit Falsett singenden Countertenors geführt. So ist es möglich, ursprünglich für Kastraten geschriebene Partien Männern zu übertragen. Denkt man etwa an Janet Baker, bringt die Besetzung mit Frauenstimmen zwar bisweilen gute und sogar befriedigendere klangliche Ergebnisse als die mit einer tiefen Männerstimme, szenisch jedoch ist die Darstellung durch einen Sänger aus heutiger Sicht weitaus glaubhafter. Das, was uns auf Tonträger vom letzten Kastraten Alessandro Moreschi erhalten ist, gibt nur ein verzerrtes Bild der einstmals hohen Kunst des Kastratengesangs wieder; Moreschi singt ein anderes Repertoire, ist geprägt durch den veristischen Singstil und hat zudem gesangstechnische Defizite mit hörbaren Registerbrüchen.

Besonders im Fokus des Publikumsinteresses stehen Koloraturarien wie die von Mozarts Königin der Nacht. Bei YouTube gibt es dazu Videos mit Titeln wie »Who Sang The ›Queen Of The Night‹ Staccatos The Best?« Und als Pendant für Tenorfans: »Who Sang the ›Nessun Dorma‹ Climax The Best?« (Letztere zwar ohne Koloraturen, dafür mit einem entgegen der Partitur meist sehr lange gehaltenen hohen H.)

Eine etwas fragwürdige Interpretation von »Der Hölle Rache kocht in meinem Herzen« stammt von der gleichermaßen ehrgeizigen wie unbegabten Millionärin Florence Foster Jenkins. Die Schallplatte mit dem Titel *The Glory (????) of the*

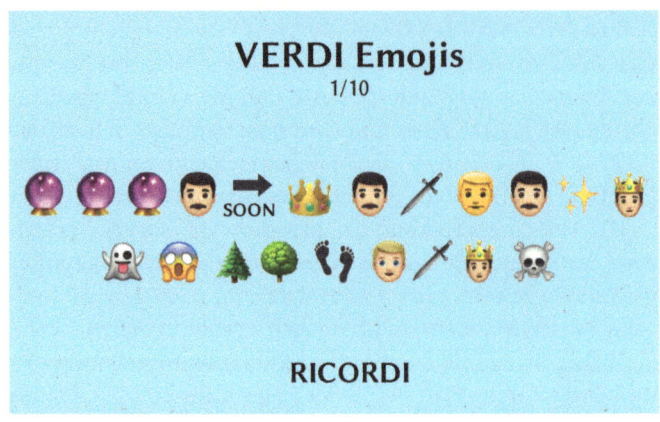

RICORDI

Welche Verdi-Oper ist hier dargestellt? Auflösung am Ende des Buches

Human Voice (inzwischen als CD erhältlich) erfreut sich dennoch großer Beliebtheit und wurde gewissermaßen Kult, ihr Leben inzwischen mehrfach verfilmt.

Das Repertoire kennt aber eine ganze Reihe anderer wirkungsvoller Koloraturarien, z. B. in der Partie der Zerbinetta (in Richard Strauss' *Ariadne auf Naxos*), der Rosina (in Rossinis *Il Barbiere di Siviglia*) sowie in vielen Partien bei Donizetti. Wirkungsvoll und eine Art Parodie auf diese klassischen Koloratur-Bravourstücke ist die Arie der Cunegonde »Glitter and be Gay« aus Leonard Bernsteins *Candide*.

Auch wenn die Stimmcharakteristik in der Klassik im Unterschied zur Pop- und Rockmusik Normen für einen schönen Klang vorgibt, ist die menschliche Stimme individuell und zugleich Ausdruck der Persönlichkeit des jeweiligen Künstlers. Ein echter Opernfan wird rein vom Hören her mühelos Maria Callas, Elisabeth Schwarzkopf, Anna Netrebko, Fritz Wunderlich, Luciano Pavarotti, Plácido Domingo oder Jonas Kaufmann erkennen.

Bisweilen ist es gerade das Abweichen von dieser Norm, das eine Stimme charakteristisch macht. Das beste Beispiel dafür ist Maria Callas. Ihr besonders ausdrucksstarker, emotionsgeladener Stimmklang, die z. T. hart, aber präzise fokussierten Spitzentöne trafen bei Publikum und Kritik zunächst auf Ablehnung, wurden aber – nicht allein für die zahlreichen Callas-Fans – zu ihrem Markenzeichen.

Bis Anfang des 20. Jahrhunderts stand bei der Oper die Stimme im Vordergrund. Durch Persönlichkeiten wie Maria Callas und anspruchsvolle Regiekonzepte sind die Anforderungen an die darstellerische Präsenz gestiegen.

Über die mehr als vierhundert Jahre der Operngeschichte gab es zahlreiche Sängerinnen und Sänger, die das Publikum bewegt haben. Im Folgenden sollen drei von ihnen herausgehoben werden:

Der **Kastrat Farinelli** (mit bürgerlichem Namen Carlo Broschi, 1705–1782) gilt als Inbegriff des Kastratengesangs und war im Barock ein Megastar. Im Film *Farinelli* (1994) des belgischen Regisseurs Gérard Corbiau wird dargestellt, wie er mit seiner Stimme in Sachen Ausdauer und Virtuosität den Wettkampf gegen einen Trompeter gewinnt. Der gutaussehende Sänger verzauberte mit seinem göttlichen Gesang zuerst ganz Italien, dann den Wiener Hof und das Londoner Opernpublikum, schließlich ging er nach Madrid, um dort über zwanzig Jahre dem spanischen Königshaus zu dienen. Zunächst war Farinelli Privatsänger des Königs, außerdem Gründer und Direktor der italienischen Oper in Madrid sowie enger Vertrauter der Könige Karl V. und Ferdinand VI. von Spanien; sein Gesang wurde als Heilmittel gegen die Depressionen des spanischen Königs

Philipp V. eingesetzt. Mit dem berühmten Wiener Librettisten Metastasio verband ihn eine lebenslange Freundschaft und Zusammenarbeit, die durch einen umfangreichen Briefwechsel dokumentiert ist. 1761 setzte sich Farinelli mit 56 in Bologna zu Ruhe. Fortan empfing er in seiner Villa viele Berühmtheiten, darunter den österreichischen Kaiser Joseph II.

Für den oben erwähnten Film hat das französische Forschungsinstitut IRCAM versucht, mit Mitteln der Studiotechnik aus der Überlagerung der Stimme eines Soprans und der eines Countertenors den Klang des Kastraten zu rekonstruieren, was jedoch vermutlich nur annäherungsweise gelungen ist.

Die griechische Sopranistin **Maria Callas** (1923–1977) steht für ein Leben in der Öffentlichkeit mit allen Licht-, vor allem aber auch Schattenseiten einer Diva. Ihre aufbrausende Natur brachte ihr den Beinamen »Die Tigerin« ein, Bewunderer nannten sie schlicht »La Divina«, »die Göttliche«. Callas' Glanzzeit auf den Bühnen von Mailand, London, New York dauerte nicht einmal 10 Jahre. Eine kurze, aber intensive Karriere, während der sie sich repertoiretechnisch vor allen Dingen dem Belcanto des 19. Jahrhunderts widmete. Besonders mit der Titelpartie in Bellinis *Norma*, die sie rund 90 Mal gesungen hat, feierte sie große Erfolge. Im Alter von 42 Jahren stand sie zum letzten Mal auf der Bühne und starb 1977 mit nur 53 Jahren.

Terrence McNally adaptierte ihre Biographie im Schauspiel *Master Class*, das auf Mitschnitten tatsächlicher Meisterklassen basiert. Die Protagonistin spricht darin zunächst zwischen den Zeilen, dann unverhohlen und sehr berührend über ihr Schicksal, ihre Entbehrungen, den hohen Preis, den sie für ihre verhältnismäßig kurze Karriere zahlen musste.

Der Name **Enrico Caruso** (1873–1921) ist heute fast eine Art Synonym für »Tenor«. Der früh international erfolgreiche Sänger kann zugleich als einer der ersten Vertreter des Medienzeitalters gesehen werden. Caruso gilt als der bedeutendste Tenor seiner Zeit, trat weltweit auf und war jahrelang Ensemblemitglied der New Yorker MET. Früh erkannte er das Potenzial, durch Tonträger populär zu werden, über 60 Millionen von ihnen hat er bis heute verkauft. Seine Art zu singen prägt unsere Vorstellung vom klassischen Gesang zu Beginn des 20. Jahrhunderts, zudem besaß er die ideale Stimme für die geringen klanglichen Möglichkeiten der frühen Tonaufzeichnung.

Mit dem Evergreen »Caruso« hat der italienische Cantautore Lucio Dalla dem großen Tenor seine Reverenz erwiesen. Das Lied erzählt vom unglücklichen Leben seines Landsmannes, aber auch von der Macht der Oper, Phantasiewelten zu schaffen. Deutsche Kindergärten, die das tägliche Singen in den Alltag integrieren, können sich als »Die Carusos« zertifizieren lassen.

Tenöre on tour (Fußball-WM)

Sängerwettstreite gibt es spätestens seit den »Meistersingern« im 15. und 16. Jahrhundert. Diese bürgerlichen Dichter und Sänger rekrutierten sich meist aus Handwerkszünften und stellten ihre nach strengen Regeln angefertigten Dichtungen und Melodien im Wettbewerb zur Disposition. In *Die Meistersinger von Nürnberg* hat ihnen Richard Wagner ein musikalisches Denkmal gesetzt.

Eine Art Sängerwettstreit ohne echte Gegnerschaft, aber mit umso mehr Showcharakter inszenierten im Jahr 1990 Luciano Pavarotti, Plàcido Domingo und José Carreras. Als »Die drei Tenöre« gaben sie vor der Eröffnung der Fußballweltmeisterschaft in Rom am 7. Juli erstmals gemeinsam ein Open-Air-Konzert. Auf dem Programm der Veranstaltung in der malerischen Kulisse der Caracallathermen: beliebte Evergreens des 19. und 20. Jahrhunderts aus Oper, Operette, Musical, teils im Terzett geschmettert, wobei man sich spielerisch in den Spitzentönen überbot. Der als CD-Album *The Three Tenors in Concert* veröffentlichte Live-Mitschnitt verkaufte sich 10 Millionen Mal und schaffte es 2010 sogar ins Guinness-Buch der Weltrekorde als bestverkauftes Klassikalbum aller Zeiten. Die Einnahmen flossen in die Leukämiestiftung von José Carreras.

Im Juni 1994 standen die drei Tenöre anlässlich des Finales der Fußballweltmeisterschaft in Los Angeles erneut zusammen auf der Bühne, diesmal vor über 50 000 Zuschauern; 1996 folgte eine gemeinsame Welttournee mit Massenkonzerten in Tokio, London, Wien, New York, Melbourne und in München. Der Tod von Pavarotti 2007 setzte diesem so erfolgreichen (und bis heute in teils kuriosen Varianten nachgeahmten) Konzept ein Ende.

Akustik

Die schönste Stimme nutzt wenig, wenn man sie nicht richtig hört, von daher ein paar Worte zur Akustik: Eine bemerkenswerte Optik außen wie innen mag die Aufmerksamkeit auf sich ziehen, hinsichtlich der akustischen Eignung eines Opernhauses für den klassischen Gesang spielen andere Faktoren eine Rolle.

Für eine gute Wortverständlichkeit ist eine kürzere Nachhallzeit von Vorteil; generell ist die Nachhallzeit in Opernhäusern kürzer als in Konzertsälen. Historische Theater eignen sich naturgemäß besonders für Werke in einer bis zur Mozartzeit üblichen kleineren Besetzung.

Ein etwas längerer Nachhall, wie er, bedingt durch die harten Holzsitze und die Wandbekleidung aus Holz, z. B. im Festspielhaus Bayreuth gegeben ist, verleiht den Stimmen eine besondere Tragkraft. Gerade bei dicht instrumentierten Stellen in Wagner-Opern kommt dies Sängern wie Publikum unbestreitbar entgegen, wobei im Fall von Bayreuth der indirekte Orchesterklang zusätzlich hilfreich ist.

Ein Phänomen bleibt die Hörbarkeit von Singstimmen dennoch: In Richard Strauss' *Elektra* steht gemäß Partitur einer einzigen Sängerin ein Orchester von 115 Musikerinnen und Musikern gegenüber. Zwar spielen nicht immer alle gleichzeitig, die Dynamik steigert sich jedoch über die 145 Minuten Spielzeit bis zu den Schlussszenen, wo alle Instrumente im Einsatz sind. Wie kann sich eine Sängerin im hochdramatischen Fach stimmlich durchsetzen, obwohl das, zumindest bezogen auf die Lautstärke, rein physikalisch gar nicht möglich ist? Die Antwort: Richard Strauss vermochte grandios zu instrumentieren. Wie andere Komponisten seiner Zeit wusste er genau, wie er die Harmonien auf die jeweiligen Instrumente verteilen musste, damit die Energiebündelung im charakteristischen Frequenzbereich einer Stimme im dramatischen Fach, dem sogenannten »Sängerformanten« (ungefähr zwischen 2,5 und 3,5 kHz) ausgepart bleibt und somit eine Art »akustisches Fenster« entsteht.

Zum Vorteil gereicht den Sängerinnen und Sängern außerdem die Richtwirkung der Stimme, die dafür sorgt, dass sich diese Sängerformanten in Richtung des Publikums, besonders mit Neigung nach unten, ausprägen. Dies ist wissentlich oder unwissentlich auch der Grund, weshalb aus akustischer Sicht meistens die Plätze im vorderen Bereich des Parketts als optimal hinsichtlich des Klangs gelten. Ungeachtet der Tatsache, dass die Gesamtsicht von anderen Plätzen eventuell besser ist.

Der falsche Italiener

Bei einer Hochschulproduktion von Donizettis *Don Pasquale* war der Sänger der Titelpartie kurzfristig erkrankt und ein erfahrener Sänger musste einspringen. Der Auserwählte war am Münchner Gärtnerplatz-Theater engagiert, wo Opernaufführungen überwiegend in deutscher Sprache stattfinden. Ganz Profi behalf er sich mit Stichwortzetteln in den Requisiten und in der Kleidung, so dass es tatsächlich klang, als sänge er die Partie in der Originalsprache. – Mein Studienkollege Manuel, gebürtiger Italiener, saß fassungslos neben mir und sagte: »Es klingt italienisch, aber ich verstehe kein Wort!«

Pause
»Tutto nel mondo è burla« (*Falstaff*):
Das Publikum, die Opernhäuser

Die Oper erfordert ein spezielles Gebäude mit Möglichkeiten zur Verwandlung der Szene, Gassen für die Auftritte und Abgänge, schließlich Möglichkeiten, Kulissen und Requisiten seitlich, von oben oder über Falltüren auch von unten auf die Bühne zu befördern.

Die Grundform des Theaters bis ins 19. Jahrhundert ist die Hufeisenform, die auf einer Einteilung in Parkett, Galerie und mehrere Ränge basiert. Diese Form bietet viel Raum fürs Publikum, und fast alle Besucher haben eine gute Sicht auf die Bühne – sollte es Plätze geben, von denen die Sicht erheblich eingeschränkt oder komplett verstellt ist, wird dies extra ausgewiesen; diese Karten werden dann ggf. als »Hörplätze« verkauft.

Lange Zeit spiegelte die Sitzordnung im Theater durch die Anordnung der Plätze die Gesellschaftsordnung wider. Prachtvolle, meist zwei Stockwerke hohe Mittellogen gibt es in Theaterbauten des 18. und 19. Jahrhunderts (z. B. in München oder Bayreuth). In diesen Königslogen konnten sich die Herrscher ihrem Volk zeigen, dem gehobenen Bürgertum in den Seitenlogen, den anderen Besuchern im Parkett oder auf den Steh-plätzen. Diese architektonische Anordnung wurde beim Wie-deraufbau (z. B. in München) so belassen. Aus den ehemaligen Königslogen wurden dann Präsidentenlogen.

Weltweit gibt es 250 Opernhäuser, also Häuser mit regel-mäßigem Spielbetrieb, davon mehr als ein Viertel (71) allein in Deutschland. Mit erheblichem Abstand folgen Italien (25), Frankreich (13), die USA (11), Spanien (8), Österreich (7), die Schweiz (7) und Großbritannien (5). Hinzu kommen in allen Ländern temporäre Spielstätten, z. B. für Sommerfestivals.

Die hohe Dichte von Opernhäusern in Deutschland ist ei-nerseits der Historie der Kleinstaaterei geschuldet, anderer-seits dem Föderalismus. Die Kleinstaaterei sorgte für eine ent-sprechende Vielfalt. Ein Fürst, der etwas auf sich hielt und es sich leisten konnte (oder zumindest dieser Ansicht war), un-terhielt ein eigenes Hoftheater mit der entsprechenden Perso-nalausstattung samt Hofkomponist.

Aber früh gab es auch öffentliche Opernhäuser, seit 1637 in Venedig und seit 1678 die Oper am Gänsemarkt in Hamburg, wo Georg Friedrich Händel zunächst als Violinist im Orches-ter, später als Komponist debütierte.

Weltweit verfügt fast jede Hauptstadt über mindestens ein Opernhaus. Das größte ist gegenwärtig die gemeinhin als MET bezeichnete Metropolitan Opera in New York mit 3900 Sitz-plätzen. Ein Engagement dort ist für Sänger, Dirigenten und Regisseure sozusagen der Ritterschlag.

Das wahrscheinlich kleinste Opernhaus der Welt steht bzw. stand ebenfalls in New York. Anthony Amato, Sohn eines opernbegeisterten Fleischermeisters aus dem italienischen Sa-lerno und seine Frau, Sally Bell Amato, hatten im Jahr 1948 in East Village die Amato Opera gegründet, die sie bis 2009 lei-

Die ehemalige Amato-Oper in New York

teten. Das Ehepaar war so opernbegeistert, dass es nach dem Zweiten Weltkrieg Veteranen das Singen und Schauspielern beibrachte. 120 Menschen fanden auf Kinoklappstühlen Platz, um *Le Nozze di Figaro*, *Cosi fan tutte* oder andere Werke des italienischsprachigen Opernrepertoires zu erleben. Die Künstler waren Musikstudierende, aber auch Ärzte oder Anwälte mit guten Stimmen. Das Mini-Orchester in dem Mini-Orchestergraben wurde vom »Intendanten« selbst dirigiert. Um den Mindestlohn zu umgehen, kamen die Amatos auf die Idee, Gratiseintrittskarten auszugeben und in der Pause um Spenden zu bitten – was gut funktionierte.

Opernhäuser stehen auch an entlegenen Orten der Welt wie z. B. das 1896 eingeweihte Teatro Amazonas in Manaus am Zusammenfluss des Rio Negro und des Rio Solimoes zum Amazonas, mitten im brasilianischen Regenwald. Der prunkvolle Bau im Stil der italienischen Renaissance entstand während des Kautschukbooms als sichtbares Zeichen des Wohlstands, wobei das gesamte Baumaterial aus Europa eingeführt wurde. Werner Herzog ließ sich durch dieses Gebäude zu seinem Film *Fizzcaraldo* (1982) inspirieren, in dem ein fiktiver exzentrischer Opernliebhaber (gespielt von Klaus Kinski) im peruanischen Urwald nach dem Vorbild des Teatro Amazonas ein Opernhaus errichten und den Sänger Enrico Caruso engagieren möchte.

Das aufgrund seiner Architektur vielleicht spektakulärste Opernhaus befindet sich im Hafen des australischen Sydney. Es wurde nicht nur zum Wahrzeichen der Stadt, sondern ist zugleich eines der berühmtesten Gebäude des 20. Jahrhunderts. Der dänische Architekt Jørn Oberg Utzon hatte nur mit einer Zeichnung den Wettbewerb gewonnen. Die technische Realisierung der Skizze, insbesondere die Erstellung der mar-

Berühmte Opernhäuser von alt bis neu

Ort	Jahr der (Neu-)Eröffnung	Anzahl der Sitz-/Stehplätze
Markgräfliches Opernhaus, Bayreuth	1748/2018	550
Schlosstheater Drottningholm	1766	400
Teatro alla Scala, Mailand	1775/1946	2289/400 (154 Plätze ohne Sicht auf Bühne)
Semperoper, Dresden	1841/1985 (Wiedereröffn.)	1290
Royal Opera House, Covent Garden, London	1858	2120
Wiener Staatsoper, Wien	1869/1955	1658/580
Palais Garnier, Paris	1875	2130/200
Festspielhaus Bayreuth, Bayreuth	1876	1800
Teatro Colon, Buenos Aires	1908	2487
(Großes) Festspiel-haus, Salzburg	1960	2158
Metropolitan Opera (MET), New York	1966	3900
Sydney Opera House, Sydney	1973	1547 (Operntheater *Joan Sutherland Theatre*) (insg. 5532, verteilt auf fünf Theater)
Opéra Bastille, Paris	1989	2700 (größtes Opern-haus in Europa)
Festspielhaus Baden-Baden	1998	2500
Nationaloper, Oslo	2008	1360 (Großer Saal)

kanten gekrümmten Schalen des Daches, die gesetzte Schiffssegel symbolisieren sollen, gestaltete sich als schwierig und langwierig. Gebaut wurde von 1959 bis 1973.

So spektakulär die Form des Gebäudes ist – für den eigentlichen Zweck war es zunächst aufgrund seiner schlechten Akustik nicht geeignet, und es wurde eine elektroakustische Verstärkung notwendig.

Ein architektonischer Eyecatcher ist auch das 2008 eingeweihte Opernhaus in Oslo – ähnlich wie in Sydney unmittelbar am Hafen platziert –, mit seiner zum Wasser hinabsteigenden Fassade dient es der Öffentlichkeit auch jenseits des Besuchs von Aufführungen als beliebter Aufenthaltsort. Entworfen vom norwegischen Architekturbüro Snøhetta (»Schneekappe«) und äußerlich einem treibenden Eisberg nachempfunden, imitiert der große Saal mit 1358 Sitzplätzen gemäß Auflage des Bauherrn in Form, Größe und Struktur die Dresdner Semperoper.

Jedes Opernhaus hat seine eigene Geschichte – bedeutende Werke, die darin uraufgeführt wurden, Künstler, die dort ihre Karriere begonnen oder gekrönt haben, Theaterskandale, aber auch Katastrophen wie spektakuläre Brände. Elektrisches Licht gibt es erst seit Ende des 19. Jahrhunderts, in der Scala z. B. seit 1883; davor wurde mit Kerzen, Öllampen oder Gaslicht gearbeitet.

Viele historische Theater wurden ein Raub der Flammen, sei es durch Verpuffungseffekte oder durch Kriegseinwirkungen. Aus diesem Grund sind wenige von ihnen erhalten, bei manchen nur die Fassade, bei manchen nur der Zuschauerraum (z. B. im Schlosstheater in Schwetzingen). Deshalb gilt heute der Grundsatz: »Offenes Feuer auf der Bühne strikt verboten!«

Es existieren jedoch auch noch einige Häuser mit originaler Bühnenmaschinerie, beispielsweise das bereits erwähnte

Schlosstheater im schwedischen Drottningholm. Erst 2018 wurde das restaurierte Markgräfliche Opernhaus Bayreuth wiedereröffnet, ein historisches Schmuckstück, das seit Juni 2012 zum Weltkulturerbe der UNESCO gehört und seit 2020 mit *Bayreuth Baroque* ein Festival für vergessene Opern der Barockzeit mit Stars der internationalen Barockszene beheimatet.

Das Venezianer Theater La Fenice (benannt nach dem aus der Asche wiedererstandenen Fabelwesen Phönix) wurde 1792 eröffnet und brannte 1836 sowie 1996 nieder. Nach dem Feuer im Wiener Ringtheater 1881, das viele Todesopfer forderte, wurde der Einbau eines »Eisernen Vorhangs«, der außerhalb der Aufführungen und Proben sowie in allen Pausen geschlossen ist, in den großen Theatern Pflicht.

Die vier wohl bekanntesten Operngebäude stehen in Paris, Mailand, Wien und New York. Die Pariser Oper »Palais Garnier« aus dem Jahr 1875 verkörpert architektonisch nicht nur »die Oper der ›Hauptstadt des XIX. Jahrhunderts‹ (Walter Benjamin)«, sondern wurde auch Vorbild für den Bau anderer Opernhäuser, wie das Grand Théâtre de Genève (eröffnet 1879).

1778 eröffnete in Mailand das Teatro alla Scala. Die Scala gilt als ideales Haus mit hervorragender Akustik und als Inbegriff der italienischen Oper. »La Scala è sempre la Scala«, pflegt man in Italien noch heute zu sagen: »Die Scala ist eben die Scala.« Uraufgeführt wurden dort u. a. Bellinis *Norma*, Donizettis *Lucrezia Borgia*, Verdis *Nabucco* oder Puccinis *Turandot*, künstlerischer Leiter war u. a. bis 1929 Arturo Toscanini. Die Fassade ist klassizistisch und eher nüchtern, die Ausstattung innen hingegen imposant spätbarock.

Das größte Ereignis des Teatro alla Scala ist die sogenannte

»Inaugurazione«, die Eröffnung der Opernsaison, welche traditionell jedes Jahr am 7. Dezember stattfindet, dem Ehrentag des Stadtpatrons Sant'Ambrogio, in Mailand ein Feiertag.

Im 19. Jahrhundert war Wien das europäische Zentrum des musikalischen Schaffens und gewissermaßen die Wiege der Klassik; Musiker wie Beethoven, Haydn und Mozart fanden hier ihre Wirkungsstätte. Kein Wunder also, dass sich die Wiener Hofoper und das Hoftheater am Kärntnertor europaweit recht schnell einen Namen machten. Das Gebäude der Wiener Staatsoper entstand im Stil der Neorenaissance. 1869 wurde es eröffnet, 1945 durch Bombentreffer weitgehend verwüstet, wiederaufgebaut und 1955 neu eröffnet.

Einen ersten Höhepunkt erlebte die Wiener Oper unter dem Direktor Gustav Mahler, der das veraltete Aufführungssystem von Grund auf erneuerte, Präzision und Ensemblegeist stärkte und auch bedeutende bildende Künstler (darunter Alfred Roller) zur Formung der neuen Bühnenästhetik heranzog.

Von Mahler stammt die Aussage: »Tradition ist Schlamperei.« Er mahnte Qualität und Präzision auch im Repertoirebetrieb an. Im 20. Jahrhundert sorgten Komponisten wie Richard Strauss, Igor Strawinsky oder Franz Lehár und Dirigenten wie Karl Böhm und Herbert von Karajan dafür, dass die Wiener Staatsoper nicht an Bedeutung verlor. Heute ist sie das Haus mit dem größten Repertoire.

1966 erfolgte die Einweihung des Neubaus der Metropolitan Opera in New York (Lincoln Center) mit *Anthony and Cleopatra* von Samuel Barber. Im Vorgängerbau startete Maria Callas 1956 mit Bellinis *Norma* ihre Karriere, Enrico Caruso sang dort 17 Jahre lang. Gustav Mahler, Felix Mottl und Arturo Toscanini waren Chefdirigenten. Und nicht zuletzt wurden mehrere Opern von Puccini hier uraufgeführt.

Seit der Wiedervereinigung verfügt die deutsche Hauptstadt Berlin über gleich drei Opernhäuser: Die Staatsoper Unter den Linden (die ehemalige Königliche Hofoper, sie spielte eine gewichtige Rolle bei der Entwicklung von Berlin zur Musikmetropole) und die Komische Oper (die mit den Namen Walter Felsenstein und Harry Kupfer eng verbunden ist und Werke in deutscher Sprache aufführt) liegen im früheren Ostteil der Stadt. Im Westteil befindet sich die nach dem Zweiten Weltkrieg entstandene Deutsche Oper. Obgleich in einer Stiftung zusammengefasst, stehen die drei Häuser natürlich auch untereinander in Konkurrenz.

In München gibt es seit 1811 das Königliche Hof- und Nationaltheater am Marstallplatz (die heutige Bayerische Staatsoper am Max-Joseph-Platz). Es brannte 1823 nieder, konnte aber bereits zwei Jahre später den Spielbetrieb wieder aufnehmen. Zerstörungen im Zweiten Weltkrieg 1943 brachten die Staatsoper dann bis zu ihrer Wiedereröffnung im Jahr 1963 vorerst zum Schweigen. Max III. Joseph ließ von François Cuvilliés das »teatro nuovo pressa la residenza«, das Residenztheater, erbauen – auch heute noch als »Cuvilliés-Theater« bekannt. Mozart brachte dort zwei Auftragswerke zur Uraufführung: *La finta giardiniera*, dann 1781 25-jährig seine Opera seria, den *Idomeneo*. Auch dieses Theater wurde zerstört, aber im ursprünglichen Stil des Rokoko 1958 wiedereröffnet. Insgesamt fünf Opern Wagners erlebten in München ihre Uraufführung: 1865 *Tristan und Isolde*, drei Jahre später *Die Meistersinger von Nürnberg*. 1869 und 1870 wurden erstmals *Das Rheingold* und *Die Walküre* gespielt und 1888, 55 Jahre nach Entstehung, *Die Feen*.

In der Dresdner Semperoper erblickten Opern von Richard Wagner, Paul Hindemith und Richard Strauss das Licht der

Öffentlichkeit. Das Haus wurde dreimal komplett zerstört und wieder neu aufgebaut, zuletzt 1985 nach Ende des Zweiten Weltkriegs.

Spielzeiten und Repertoirebetrieb

Die Opernsaison oder Spielzeit eines deutschen Stadt- und Staatstheaters geht vom Herbst bis Sommer (z. B. von September bis Juli); die Zeit dazwischen ist Spielpause. In den Theaterferien ruht der Spiel- und Produktionsbetrieb gänzlich, es finden allenfalls Reparaturen und Wartungen statt.

Mit der Spielzeitbegrüßung, Proben zur Vorbereitung der ersten Premieren, eventuell einem Theaterfest und dann der Spielzeitpremiere, die naturgemäß besondere Aufmerksamkeit findet, beginnt der Kreislauf dann von neuem.

Der Begriff des Repertoires stammt aus dem 19. Jahrhundert und kann zugleich mit einem musealen Charakter einhergehen. Etwa seit Beginn des 19. Jahrhunderts gibt es ein Bewusstsein für Werke der Vergangenheit und der »Werkbegriff« gewinnt an Bedeutung. Bis dahin war es üblich, jeweils nur neue Opern aufzuführen – oder zumindest neu zusammengestellte Bühnenwerke nach dem Pasticcio-Verfahren.

Die typische Produktionsweise in Deutschland ist die eines Repertoiresystems, d. h., es stehen mehrere Produktionen gleichzeitig und über längere Zeit auf dem Spielplan, heute Rossini, morgen Mozart, übermorgen Wagner. So hat die Bayerische Staatsoper 44 Opern im Repertoire, die Wiener Staatsoper gar 60 Opern- und Ballettwerke. Die Verweildauer der Stücke im Repertoire kann dabei sehr unterschiedlich sein. Einen legendären Superlativ hat diesbezüglich das Nationaltheater Mannheim zu bieten: Jedes Jahr an Ostern wird *Parsifal* in der Inszenierung von Hans Schüler mit Bühnenbild von Paul Walter und Kostümen von Gerda Schulte aufgeführt. Die Premiere fand am 14. April 1957 statt, also vor über 60 Jahren! Eine Inszenierung mit Kultstatus.

Außerhalb Deutschlands ist das Stagione-System üblich (»Stagione«, ital. für ›Spielzeit‹ oder ›Saison‹), d. h., es werden pro Spielzeit nur wenige Werke ins Programm genommen, meist Neuproduktionen, dann in Serien von ca. 10 Aufführungen gezeigt und wieder abgesetzt.

Es gibt Vor- und Nachteile für beides. Im Repertoire-Theater kann der Besucher in kurzer Zeit an einem Ort eine große Bandbreite an Werken zu erleben, bei wenigen Schließtagen. Für das Haus und all seine Beteiligten, vor allem die Sängerinnen heißt das, dass sie in kurzer Zeit eventuell sehr unterschiedliche Partien abdecken müssen; hohe Anforderungen werden auch an die Logistik und den Personaleinsatz für die Haustechnik gestellt, da täglich umgebaut werden muss.

Ein weiteres Charakteristikum des deutschen Theatersystems ist das Ensemble-Prinzip – Sänger sind für eine bestimmte Anzahl an Spielzeiten engagiert und verkörpern in dieser Zeit sehr unterschiedliche Rollen bei Neuproduktionen wie Repertoireaufführungen. Der Vorteil eines gewachsenen Ensembles besteht darin, dass man aufeinander eingespielt und mit allen Abläufen vertraut ist. Außerdem kann man sich gemeinsam weiterentwickeln.

Bei Stagione-Produktionen finden sich die Künstler nur für ein bestimmtes Stück und über einen bestimmten Zeitraum zusammen. Dies wiederum ermöglicht intensive Arbeit und Konstellationen, die so im Repertoire-Theater nicht möglich wären.

Melomanen können ihrer Leidenschaft bei einer Vielzahl von Festivals frönen. Opern-Festspiele gibt es in den verschiedensten Formen und Preisklassen von elitär bis populär.

Bayreuth – Weihstätte für Wagner-Kenner und Festspielhaus auf dem »Grünen Hügel«: Ludwig II. hatte Richard Wagner bei seinem Plan eines Festspielhauses finanziell großzügig unterstützt, und so konnten am 13. August 1876 die ersten Bayreuther Festspiele mit einer kompletten Aufführung der *Ring*-Tetralogie eröffnet werden. Seither ist die fränkische Stadt eine Weihstätte für Wagner-Freunde. Auf dem Programm stehen ausschließlich Opern von Richard Wagner. Die Nachfrage nach Karten war sehr groß und das Kontingent begrenzt. Die Folge war eine etwa sechsjährige Wartezeit. Die Karten sind weiterhin begehrt, jedoch heutzutage bisweilen schneller zu haben. Beginn ist jeweils um 16.00 Uhr, auf jeden Akt folgt eine Stunde Pause, in der man die Eindrücke nachwirken lassen und fränkische Bratwürste verspeisen kann. Der sogenannten »Auffahrt« im Rahmen der jährlichen Festspieleröffnung am 25. Juli wohnen gerne die Bundeskanzlerin und andere Politiker sowie Promis aus Gesellschaft und Showbiz bei. Festspielaufenthalte in Bayreuth werden zelebriert. Wagnerianer nehmen für das Erlebnis und für die besondere Akustik im Festspielhaus die ungepolsterten Holzstühle und die beschränkte Fußfreiheit, vor allem für Großgewachsene, gerne in Kauf, selbst bei der *Götterdämmerung* mit einer Spielzeit von sechs Stunden.

Abgesehen von Bayreuth gibt es noch andere Opernfestivals, bei denen ausschließlich Werke eines bestimmten Komponisten auf dem Programm stehen. Die Händel-Festspiele in

Göttingen, Halle/Saale und Karlsruhe, die Gluck-Festspiele in verschiedenen bayerischen Städten, ein Rossini-Festival in Bad Wildbad, Telemann-Tage in Magdeburg etc.

Salzburg – Schicki-Micki und Jetset: Ein sommerliches Ereignis sind auch die Festspiele in Mozarts Geburtsstadt, die zugleich zu den ältesten gehören; es gibt sie bereits seit 1920, traditionell im Juli und August. Dem Ort angemessen, stehen natürlich häufig Werke von Mozart auf dem Programm. Für 2019 sind neun Opern, über achtzig Konzerte sowie Schauspiel und Jugendprojekte geplant. Tradition ist eine, häufig mit (Fernseh-)Stars besetzte Aufführung des *Jedermann* von Hugo von Hofmannsthal auf der Freitreppe des Salzburger Doms. 1967 gründete Herbert von Karajan die Osterfestspiele, ebenfalls auf seine Initiative hin kamen 1973 die Pfingstfestspiele hinzu. Bei den Osterfestspielen musizierten bis 2012 und wieder ab 2026 die Berliner Philharmoniker meist unter ihrem jeweiligen Chefdirigenten (Herbert von Karajan, Claudio Abbado, Simon Rattle). Nur in diesem Rahmen sind sie als Opernorchester zu hören. Ab 2013 fungierte die Sächsische Staatskapelle Dresden unter der Leitung von Christian Thielemann als Festspielorchester für die Opernproduktionen, 2025 wird es Esa-Pekka Salonen mit dem Finnish Radio Symphony Orchestra sein.

Die Salzburger Pfingstfestspiele sind seit 1998 finanziell und organisatorisch Teil der Sommerfestspiele. Ihre künstlerische Leitung liegt seit 2012 in Händen der italienischen Star-Mezzosopranistin Cecilia Bartoli; Schwerpunkt ist bei ihr die Barockoper. Die gehobenen Preise (bis zu 490 Euro für Opernaufführungen) bringen entsprechende Klientel aus Deutschland, Österreich und Fürstentum Liechtenstein nach Salzburg.

Glyndebourne – Oper mit Picknickkorb: Bereits 1934 gründete in Glyndebourne in der Grafschaft Sussex ein britischer Millionär seine eigene Oper zur Durchführung sommerlicher Festivals. Im wahrsten Sinne des Wortes auf der grünen Wiese entstand ein Opernhaus mit 800 Plätzen (1994 wurde ein neues mit 1200 Plätzen eröffnet). Die Pause verbringt man – gutes Wetter vorausgesetzt – mit Picknickkorb auf der Wiese.

Baden-Baden – Festspiele das ganze Jahr: In den letzten beiden Jahrzehnten ist auch Baden-Baden als feste Größe im Festspielbetrieb dazugekommen. 1998 wurde in der badischen Kurstadt als Anbau zum alten Stadtbahnhof ein Festspielhaus mit 2500 Zuschauerplätzen eröffnet, das sich rühmt, das größte Opernhaus in Deutschland zu sein. Die Saison beginnt im September und dauert ca. bis Ende Juli des Folgejahres. Festspielphasen werden durch Premieren von neu inszenierten Opern eröffnet. Derzeit geschieht dies zu den Osterfestspielen mit den Berliner Philharmonikern (seit 2013 und noch bis 2025 anstelle von Salzburg), zu den Pfingst- und Sommerfestspielen; es gibt jedoch einen ganzjährigen Spielbetrieb – eben mit Akzenten an Ostern, Pfingsten, im Sommer und im Herbst.

München – Jetset mit Liebe zum Traditionellen: Bereits 1875 begannen in München Festspiele, erstmals mit Opern von Mozart und Musikdramen von Wagner. Diese Idee drängte mit der Zeit nach einem eigenen Festspielhaus – so entstand das Prinzregententheater, dessen Eröffnung am 21. August 1901 erfolgte. In der bayerischen Hauptstadt gibt es gegenwärtig Ende Juni bis Juli die Opernfestspiele München mit unterschiedlichen Schwerpunkten, im Mittelpunkt stehen jedoch in der Regel Werkzyklen großer Komponisten. Die ersten Münchner Opernfestspiele nach dem Krieg fanden 1950 statt.

Intermezzo
»Hat man nicht auch Geld daneben« (*Fidelio*): Vom Werk auf die Bühne. Organisation und Finanzen

Was für ein umfangreicher Betrieb ein Opernhaus ist, zeigt schon die reine Statistik, hier am Beispiel der Wiener Staatsoper, des »Hauses am Ring«: 350 Vorstellungen, 9 Premieren, 600 000 Besucherinnen und Besucher pro Spielzeit, 60 Opern- und Ballettwerke im Repertoire, insgesamt 950 Mitarbeiterinnen und Mitarbeiter, darunter 220 Sängerinnen und Sänger (davon 60 Ensemblemitglieder), 30 Dirigentinnen und Dirigenten, rund 100 Tänzerinnen und Tänzer, rund 200 Bühnenarbeiter. Hinzu kommen medial 45 Livestreams pro Saison sowie die Durchführung des berühmten Wiener Opernballs. [4] Einen sehr plastischen Eindruck, wie das Unternehmen Oper mit all seinen Anforderungen heutzutage funktioniert, zeigt der Dokumentarfilm *Oper. L'Opéra de Paris* (Frankreich 2017) von Jean-Stéphane Bron über die Wintersaison 2015 an der renommierten Pariser Oper. Geschildert werden die Entwicklung des Spielplans, die Kommunikation, die Pressekonferenz, die Auswahl von Künstlern für Ensemble und

Opernstudio, Detailplanungen von Inszenierungen und schließlich die Saisoneröffnung mit Schönbergs *Moses und Aaron*.

Der Homepage des Deutschen Musikinformationszentrums (MIZ.org), einer Initiative des Deutschen Musikrats, sind Daten und Fakten zum Musikleben sowie zu den Rahmenbedingungen des Opernbetriebs in Deutschland zu entnehmen.

Oper ist die kostenintensivste Sparte eines Theaters und als Regelbetrieb nicht ohne Subventionen möglich. Drei Viertel des Gesamtbudgets gehen in die Personalkosten, hälftig für künstlerisches und nichtkünstlerisches Personal. Nur etwa ein Fünftel der Kosten ist durch Einspielergebnisse gedeckt, der Rest bedarf eines Zuschusses durch die öffentliche Hand. Jede Eintrittskarte eines öffentlichen Theaters wird mit rund 138 Euro subventioniert. [5]

Der Jahresetat eines Opernhauses ist abhängig von Größe sowie Zahl der Produktionen und variiert zwischen 8 und 100 Millionen pro Jahr (z. B. bei der Bayerischen Staatsoper München). In der Spielzeit 2017/2018 gab es in Deutschland 444 Opernpremieren, darunter 33 Uraufführungen.

Ohne größere Abstriche ist der Betrieb meist trotzdem nur mit Unterstützung von Sponsoren, Mäzenen oder Freundeskreisen möglich. Nicht ohne Grund sind bei privaten, aber auch öffentlich-subventionierten Opernproduktionen und vor allem Festivals Logos von Sponsoren und entsprechende Dankesbekundungen zu finden.

In der Anfangszeit öffentlicher Opernhäuser war es üblich, für den persönlichen Gebrauch der Familie eine Loge zu mieten. Dadurch konnte man alle Aufführungen sehen, ggf. auch mit Freunden. Eine moderne Form Mäzenatentums, in Kombination mit einer »Theaterflatrate«, ist der Club 300 des Festspielhauses Baden-Baden mit namentlich gekennzeichneten Plätzen.

Heutzutage macht es ein Abonnement möglich, mit entsprechender Ermäßigung eine Reihe von Opernaufführungen innerhalb einer Spielzeit zu besuchen; man bekommt einen guten Überblick über das Repertoire eines Hauses, insbesondere auch die Neuproduktionen. Allerdings verliert das gängige Modell des Abonnements aufgrund der zurückgehenden Bereitschaft, sich langfristig auf Termine festzulegen, an Bedeutung. Um die Flexibilität für die Besucher zu erhöhen, reagieren Opernhäuser u. a. mit Wahlgutscheinen.

In Deutschland gibt es aktuell 83 öffentlich finanzierte Opernhäuser, aufgegliedert in 24 Staatstheater mit Musiktheaterbetrieb, 53 Stadttheater sowie Landestheater.

Staatstheater sind die besonders repräsentativen Bühnen in Rechtsträgerschaft eines Bundeslandes mit paritätischer Finanzierung durch das jeweilige Bundesland und die Stadt. Stadttheater befinden sich in kommunaler Trägerschaft und gehen häufig auf ehemalige Hof- und Residenztheater zurück. Landestheater versorgen Regionen ohne eigenes Theater mit Gastspielen und erhalten ebenso einen Landeszuschuss. Privattheater spielen – anders als beim Schauspiel – aufgrund des hohen Aufwands im Bereich der Oper eine nachgeordnete Rolle; jedoch gibt es eine Reihe von Opernfestivals, die auf Vereins- oder Privatinitiativen betrieben werden.

Das Opernhaus

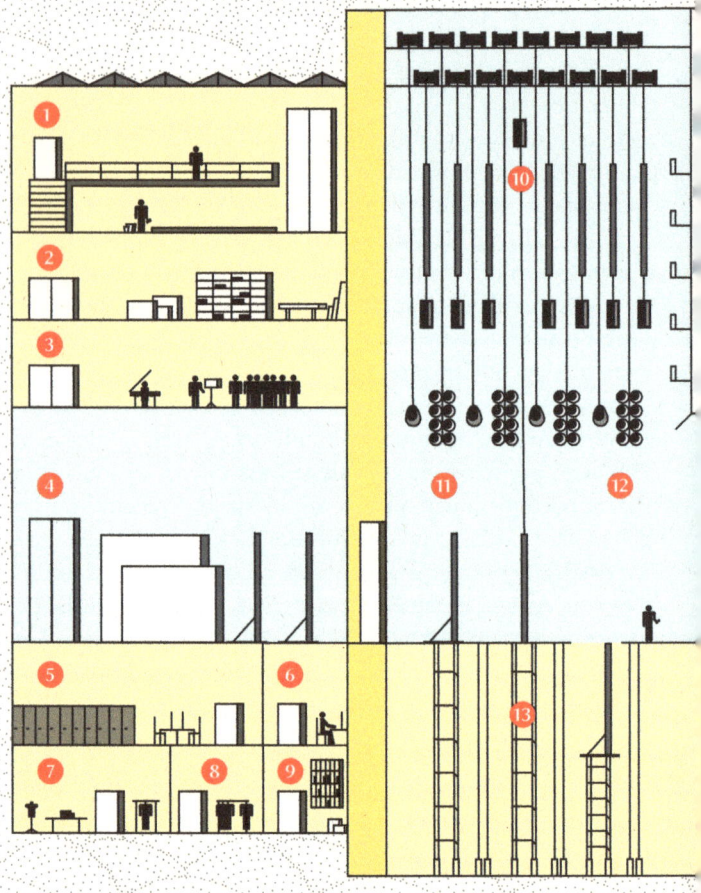

1 Malersaal
2 Werkstätten
3 Proberäume
4 Hinterbühne mit Kulissen
5 Künstlergarderoben
6 Maske
7 Schneiderei
8 Kostümfundus
9 Requisitenkammer
10 Oberbühne, Schnürboden
11 Seitenbühne

12 Hauptbühne
13 Unterbühne mit Versenkung
14 Zuschauerraum: Ränge
15 Technikraum
16 Büros, Intendanz (Opernleitung)
17 Zuschauerraum: Logen
18 Orchestergraben
19 Zuschauerraum: Parkett
20 Besuchergarderoben
21 Foyer, Kassen

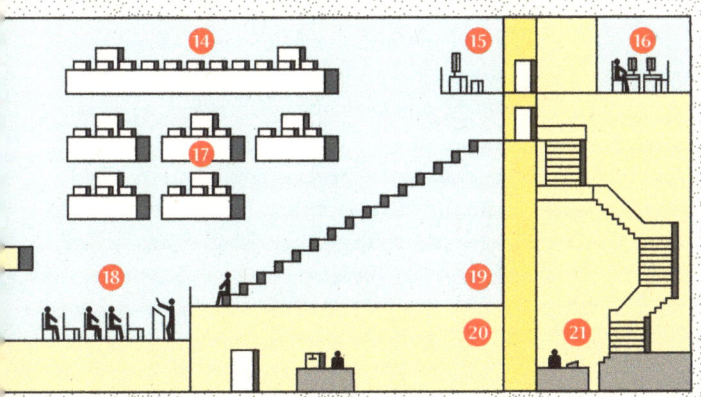

Oper ist ein Gesamtkunstwerk aus Musik, Gesang, Sprache, Schauspiel, Ausstattung, Dekoration, Tanz und Licht. Damit der Betrieb eines Opernhauses reibungslos funktioniert, bedarf es einer klaren Organisationsstruktur in den künstlerischen, betriebstechnischen und administrativen Bereichen sowie einer minutiösen Planung. Wie bei den Zahnrädern eines Uhrwerks muss alles perfekt ineinandergreifen.

Ausführlich dargestellt werden die Berufe und Tätigkeiten in einem Opernhaus sowie der Weg zu einer Neuproduktion von Werner Jensen in seinem Buch *Oper intern. Berufsalltag vor und hinter den Kulissen*, auf das ich mich im Folgenden beziehe.

Der Intendant ist verantwortlich für den Gesamtablauf, vertritt das Haus gegenüber den Gremien, die über das Budget zu beschließen haben, und kommuniziert der Öffentlichkeit seine Vision von Musiktheater. Zuständig für den Bereich Personal und Finanzen ist ein Verwaltungsdirektor; er stimmt sich mit dem Intendanten über alle finanziellen Belange ab. Der Operndirektor verantwortet mit seinem Vertreter alle Belange in seiner Sparte. Im künstlerischen Betriebsbüro laufen alle organisatorischen und terminlichen Absprachen zusammen. Betriebsdirektor und Chefdisponent – oder beides in Personalunion – sorgen für einen reibungslosen Ablauf, was die Belegung von Spielstätten, Proberäumen und die Zeitpläne des künstlerischen Personals angeht; dazu müssen ihnen alle Informationen bezüglich der Besetzungen vorliegen. In ihren Händen liegt auch die langfristige Planung einzelner Produktionen, was wiederum Voraussetzung für die Erstellung eines Spielplans ist; auch Gäste und »Einspringer« für Krankheitsfälle (schon manche Karriere hat auf diese Weise begonnen!) werden von ihnen koordiniert.

Sehr vielfältig sind die Aufgaben von Dramaturgen. Sie beraten die Operndirektion bei der Planung und Ausgestaltung des Spielplans. Sie sind außerdem Ratgeber bei der Produktion und Anwalt der Interessen der Urheber (Komponisten und Librettisten), gestalten das Programmheft und kümmern sich um die Übertitel. Schließlich vermitteln sie den Zuschauern in Einführungen oder Gesprächsrunden Werk und Inszenierungsidee.

Kaum ein Opernhaus, bei dem man als Souvenir nicht einen Bleistift mit dem Logo des Hauses, spezielle Erinnerungsstücke wie Tassen, Poster, Schlüsselanhänger oder DVDs erwerben kann – dafür ist die Marketingabteilung zuständig, die zusammen mit der Abteilung für Kommunikation und Öffentlichkeitsarbeit dafür sorgt, dass schon im Vorfeld über Neuproduktionen berichtet, die Presse mit Informationen, Bild- und Tonmaterial und natürlich Karten versorgt wird und dass Besucher der Aufführungen ihre Eindrücke über Social-Media-Angebote verbreiten können.

Zu den künstlerischen Berufen und Tätigkeiten gehören jene, die dann abendlich bei der Aufführung aktiv sind: Sänger, Orchester, Dirigent, Opernchor, Ballett, Statisten auf der Bühne, Assistenten, Inspizienten, Souffleure im Hintergrund. An den Vorbereitungen beteiligt sind zudem Regisseur mit Assistenz, Studienleiter und Korrepetitoren.

Die Gesangssolisten sind in Repertoiretheatern zum größten Teil mindestens für eine Spielzeit fest angestellt; sofern Rollen nicht aus dem Ensemble besetzt werden können, kommen Gäste hinzu. Sänger werden für bestimmte Fächer engagiert, wobei es einer klugen Auswahl durch den Operndirektor oder einen »Casting Director« bedarf: nicht nur die geplanten Stücke müssen besetzt werden können, die Mitglieder des Ensembles sollten auch die Möglichkeit haben, sich in ihrem jeweiligen Fach mit besonderen Partien zu profilieren.

Opernregisseure sind verantwortlich für die szenische Umsetzung. Sie können angestellt sein oder für bestimmte Produktionen »eingekauft« werden. Das Berufsbild des Regisseurs als solches existiert erst seit der 2. Hälfte des 19. Jahrhunderts, zuvor waren nur einfache Formen der Spielleitung erforderlich. Konventionen folgend wusste jeder Sänger, wo er zu stehen und mit welcher Gestik er seine Textaussage darzustellen hatte, die Regieanweisungen in der Partitur wurden einfach entsprechend den Vorgaben umgesetzt – eine Praxis, die durch historisierende Aufführungen in den letzten Jahrzehnten wieder mehr ins Bewusstsein der Öffentlichkeit gelangt. Erleben konnte man das zum Beispiel 2009, als Sigrid T'Hooft für die Karlsruher Händel-Festspiele mit barockem Bühnenbild, Kostümen, historischer Gestik und Kerzenlicht die historische Aufführungspraxis von *Radamisto* rekonstruierte. Bevor es elektrisches Licht gab – das umgekehrt auch eine absolute Verdunklung ermöglicht –, war naturgemäß keine Licht- und Tonregie möglich und erforderlich.

Alle Details der Planung, die Ergebnisse aus Vorbesprechungen und Proben werden in einem von der Regieassistenz geführten Regiebuch festgehalten – im Fall von Opernproduktionen einem Klavierauszug mit eingelegten Leerblättern; dort werden alle Anweisungen (für Akteure, Licht, Bühnentechnik) als durchnummerierte Positionen eingetragen.

Es gibt verschiedene Typen von Opernregisseuren. Manche lassen sich bei der Probenarbeit davon inspirieren, was ihnen

Sänger anbieten – vorausgesetzt, es passt in ihre Gesamtkonzeption, andere haben ein minutiös durchgeplantes Konzept, das ohne Veränderungen umgesetzt werden soll. Unabdingbar ist ein Verständnis der Zusammenhänge zwischen Text und Musik. Ein guter Opernregisseur weiß nicht nur genau, was in der Musik passiert, sondern auch, wo er Sängerinnen und Sängern oder dem Chor Bühnenaktionen zumuten kann und wo nicht und wann ein koordinierender Blick zum Dirigenten notwendig ist. Für Sänger kein willkommenes Szenario: Regisseure, die nur mit Hilfe eines »Reclam-Hefts« anstelle eines Klavierauszugs inszenieren.

Herangehensweisen an die Umsetzung eines Werks auf der Bühne gibt es viele. Ein Regisseur kann sehr genau den Anweisungen der Partitur folgen oder mit seinem Konzept aktuelle gesellschaftliche Entwicklungen aufgreifen. Mit Aufkommen des Regietheaters in den 1970er Jahren versuchte man, neue Deutungen zu entwickeln, was nicht selten Anlass zu Diskussionen gab oder gar Theaterskandale nach sich zog – doch dazu später mehr. Das Konzept einer guten Inszenierung sollte jedenfalls nicht der Grundidee und der Musik eines Werkes entgegenstehen.

Einer der prägenden Regisseure des 20. Jahrhunderts war Walter Felsenstein, dessen Idee eines realistischen Musiktheaters in gewisser Weise u. a. bei Götz Friedrich und Harry Kupfer ihre Fortführung fand. Ruth Berghaus inszenierte Opern in der Tradition des epischen Theaters als Parabeln, die politische Ideologien entlarven sollten, was häufig provozierte. Ähnlich arbeitet Peter Konwitschny, dessen Inszenierungen meist eine große Direktheit auszeichnet. Hans Neuenfels hingegen konfrontiert den Zuschauer gerne mit einer Bilderflut und Psychologisierungen.

Für kuriose Regielösungen gibt es zahlreiche Beispiele: Peter Sellars verlegte Mozarts *Don Giovanni* in die New Yorker Bronx, und in Richard Jones' Münchner Inszenierung von Händels *Giulio Cesare in Egitto* tauchte ein Dinosaurier auf. Auch Künstler, die eigentlich in anderen Sparten zu Hause sind, haben sich als Opernregisseure versucht. So inszenierte der Humorist Loriot 1986 Friedrich von Flotows *Martha* in Stuttgart und 1998 Carl Maria von Webers *Der Freischütz* in Ludwigsburg, die Filmregisseurin Doris Dörrie *Cosi fan tutte* 2001 und der österreichische Liedermacher und Schauspieler André Heller den *Rosenkavalier* von Richard Strauss. Eher (Nackt)-Happening (ab 18 Jahren!) denn Inszenierung von Hindemiths Kurzoper *Sancta Susanna* ist *Sancta* der Aktionskünstlerin Florentina Holzinger, die seit 2024 auf verschiedenen Bühnen zu erleben ist.

Der musikalische Leiter wird (Chef-)Dirigent genannt, teils darf er sich auch mit dem Titel GMD (Generalmusikdirektor[in]) schmücken; unterstützt wird er von einem oder mehreren Kapellmeistern. Die Funktion des Dirigenten allein als Orchesterleiter ist eine Errungenschaft des 19. Jahrhunderts seit Carl Maria von Weber. Davor koordinierte in der Regel der Komponist vom Cembalo aus die Sänger, während der Konzertmeister für das Orchester zuständig war. Heute muss ein Dirigent so etwas wie ein Allroundkünstler sein, der die Möglichkeiten der verschiedenen Instrumente einzuschätzen vermag, alle Stimmen der Partitur detailliert kennt, für klangliche Ausgewogenheit zwischen den Musizierenden sorgt und dabei auch noch seine persönliche musikalische Vision durchsetzt.

Das Orchester sitzt im Orchestergraben. In Bayreuth ist dieser zur Verstärkung der Bühnenillusion verdeckt, was den Dirigenten vor die Herausforderung eines verzögerten Schallaustritts und damit die Notwendigkeit späterer Einsätze für die Sänger stellt. Dem Zuschauer offenbart sich ein ungewöhnlicher »Mischklang«, der z. B. in *Parsifal* »den Raum zur Zeit« werden lässt.

Die tarifliche Einstufung der Orchester erfolgt je nach vorhandener Planstellenzahl. So kann die Stammbesetzung eines sogenannten B-Orchesters das Standardrepertoire ohne zusätzliche Aushilfen musizieren – Sonderinstrumente wie z. B. eine Glasharfe für *Die Frau ohne Schatten* von Richard Strauss ausgenommen. Ein groß besetztes Orchester kann, aber muss nicht laut sein, es zeichnet sich jedoch durch die Möglichkeit eines besonderen Klangspektrums aus. Am ersten Pult hat der Konzertmeister und Stimmführer der ersten Violinen seinen Platz. Historisch war er Leiter des Orchesterverbands und erster Ansprechpartner für den Dirigenten (dem er noch heute in der Hierarchie direkt folgt) und für die Musiker.

Chorszenen (für die ein Haus- plus eventuell ein Extrachor zur Verfügung stehen) sind besonders seit dem 19. Jahrhundert integraler und durchaus emotionaler Bestandteil von Opern – man denke nur an den berühmten Gefangenenchor »Va pensiero sull'ali dorate« aus Verdis *Nabucco* (1842).

Eine Schlüsselposition hat der Technische Direktor inne, der den Bereich der verschiedenen Werkstätten verantwortet und koordiniert. Mit seiner Expertise kann er abschätzen, ob eine Produktion in einem vom Regisseur gewünschten Rahmen technisch, organisatorisch, im Betriebsablauf und finanziell überhaupt realisierbar ist. Falls ja, schaffen Bühnenbildner und Bühnenplastiker das Bühnenbild, während Kostümbildner und Requisiteure für Kleidung und Accessoires der Mitwirkenden zuständig sind, die vor ihrem Auftritt in der Maske zur Bühnenfigur verwandelt werden.

Für den reibungslosen Ablauf der Vorstellungen und Proben verantwortlich sind außerdem der Inspizient und die Souffleuse (häufig sind es tatsächlich Frauen, weil eine unterstützende weibliche Stimme fürs Publikum weniger hörbar ist), Ankleidehilfen und last but not least Bühnentechniker sowie Maschinisten, die z. B. die Drehbühne bedienen. Nach der Vorstellung muss abgebaut und das Bühnenbild mit allem Zubehör eventuell in ein Außenlager abtransportiert werden.

In den Bereich der Organisation und Verwaltung gehören noch das Personal- und Rechnungswesen, die Kasse sowie Hausinspektoren, die sich u. a. um die Verfügbarkeit der abendlich eingeteilten Theaterärzte und Feuerwehrleute kümmern.

Die Öffentlichkeit erfährt spätestens mit der Bekanntgabe eines Spielplans von einer Neuproduktion. Szenische Proben beginnen etwa 6 Wochen vor der Premiere, insgesamt beträgt der Vorlauf jedoch ca. 2 Jahre. Ein Sonderfall sind Festspiele.

Faktoren für die Wahl eines Werks sind außer programmatischen auch rein organisatorisch-technische Aspekte, wie verfügbare Ressourcen, d. h. personelle und finanzielle Möglichkeiten, sowie Erfahrungen mit dem jeweiligen Publikum.

Die Entwicklung des szenischen Projekts

Sobald das Regie- und Ausstattungskonzept steht, prüfen Intendant, Operndirektor und Dramaturg die finanzielle, technische und organisatorische Machbarkeit. Dazu werden Modelle des Bühnenbildes angefertigt – früher aus Holz und Styropor in kleinem Maßstab, heute immer öfter auch in Form von 3D-Visualisierungen am Rechner. Sind alle einverstanden, geht es in die Bauproben. Bei der Realisierung spielen stilistische Grundsatzerwägungen ebenso eine Rolle wie technische Erfordernisse: Gibt es Möglichkeiten für Auftritte und Abgänge? Ist der Auf- und Abbau des Bühnenbildes in einem angemessenen zeitlichen Rahmen zu schaffen? Können technische Tricks wie Versenkungen etc. umgesetzt werden?

In der Bühnenbildbesprechung diskutiert der Technische Direktor Konzept und Detailentwürfe mit den einzelnen Werkstattleitern. Alle Erfordernisse werden abgewogen, die Kalkulation überprüft. Im Theaterjargon heißt es dazu: »Der Entwurf wird geschlachtet.«

Die musikalische und szenische Einstudierung finden zunächst getrennt voneinander statt und werden erst in der Endphase zusammengeführt – anwesend sind Regie, Korrepetitor sowie Studienleiter; die ersten Gesamtproben auf der Hauptbühne heißen Bühnenorchesterproben.

Die letzte Probenwoche beginnt mit der technischen Einrichtung. Dafür müssen alle Ausstattungsdetails einschließlich Requisiten, Bodentüchern und Soffitten (bemalte, hängende Dekorationsteile) zur Verfügung stehen. So kann das Bühnenpersonal den Auf- und Abbau mit den originalen Versatzstücken einüben.

Die Beleuchtungsproben dauern teils mehrere Tage. Jedes Bild wird »eingeleuchtet«, besondere Farbstimmungen werden erzeugt, Scheinwerfer und Projektionen an exakter Position montiert. Die Einstellungen für die automatisierten Wechsel werden in Beleuchtungscomputer gespeichert und dann bei weiteren Proben und Aufführungen im laufenden Betrieb händisch geschaltet; dasselbe gilt für den Ton, z. B. die Zuspielung von Umweltgeräuschen wie Donner und Blitzschlag oder besonderen Effekten. Wie wichtig Beleuchtung und Tontechnik sind, merken die Besucher eigentlich nur, wenn etwas nicht klappt oder wenn wegen eines Streiks oder Defekts Komponenten entfallen.

Mit den Hauptproben beginnt die Endphase der szenischen und musikalischen Proben. Während die erste Hauptprobe noch mit Klavierbegleitung stattfindet, sind ab der zweiten alle szenischen, musikalischen und technischen Komponenten einschließlich Kostüm und Maske präsent. Das Regieteam befindet sich an einem Regiepult in der Mitte des Zuschauerraums mit optimaler Sicht auf die Bühne und steht so in Kontakt mit allen Abteilungen.

Hektisch wird es mitunter in der Premierenwoche. Die Generalprobe bietet die letzte Gelegenheit zur Korrektur, in ihrem Rahmen wird auch die Applausordnung (Reihenfolge und Gruppierung beim Verbeugen) einstudiert. Ein alter Theaterglaube besagt: »Je chaotischer eine Generalprobe verläuft, umso größer ist der Erfolg der Premiere.«

Zwischen Generalprobe und der von Künstlern wie Publikum mit Spannung erwarteten Premiere liegt meist ein freier Tag, an dem noch letzte Änderungen umgesetzt werden. Ist die Aufführung ein Erfolg, gestaltet sich die anschließende Premierenfeier entsprechend ausgelassen. In etwas kleinerem Maßstab bewegt sich die sogenannte B-Premiere, bei der sich, soweit vorhanden, erstmals die sängerische Zweitbesetzung präsentiert. Im Repertoirebetrieb wird immer wieder nachjustiert, bei Wiederaufnahmen erfordern Umbesetzungen eventuell zusätzliche Proben.

Durchaus möglich ist, dass eine Produktion in der vorgesehenen Form nicht realisiert werden kann – aufgrund zu hoher Kosten, Problemen der technischen Machbarkeit oder wegen inhaltlicher Fragen. So geschehen 1995: Peter Konwitschny sollte an der Komischen Oper in Berlin Bedřich Smetanas *Die verkaufte Braut* auf die Bühne bringen. Als Handlungsort für die Schlüsselszene des Dukaten-Duetts hatte sich der Regisseur ein Pissoir ausgedacht, was die Boulevard-Presse auf den Plan rief.

Umgekehrt sorgen immer wieder spektakuläre Absagen von bereits verpflichteten Regisseuren für Gesprächsstoff, etwa in Bayreuth, wo Lars von Trier durch Trankred Dorst und Wim Wenders durch Frank Castorf ersetzt wurde.

Dirigenten unter sich

Bei einer Aufführung der Neuproduktion von Modest Mussorgskis *Chowanschtschina* im September 1989 an der Wiener Staatsoper saß im Publikum der Dirigent Leonard Bernstein, der zu der Zeit mit den Wiener Philharmonikern für Konzerte im Musikverein probte.

Nach dem Schlussakkord eilte er hinter die Bühne, um dem Dirigenten der Produktion, Claudio Abbado, zu gratulieren. Abbado nahm Bernstein kurzerhand mit auf die Bühne. So standen an diesem Abend gleich zwei der beliebtesten Dirigenten beim Schlussapplaus auf der Bühne der Wiener Staatsoper.

Ein höchst seltener Anblick der allen, die ihn erlebt haben (der Autor eingeschlossen) in Erinnerung bleiben wird – auch wenn die Anekdote bisher in keine der Biographien über Leonard Bernstein Eingang gefunden hat.

Vierter Akt
»Nie sollst du mich befragen?!« (*Lohengrin*):
Die Rezeption

In einer Zeit, als es weder Kino noch Fernsehen gab, waren
Opernbesuche eine beliebte Abendunterhaltung – sofern man
sie sich leisten konnte. Abdunkelung des Zuschauerraums, Be-
kleidungsrituale und feierlicher Charakter sind ein Phänomen
des späten 19. Jahrhunderts. Entsprechend gestalteten sich
auch Ablehnungs- oder Zustimmungsbekundungen anders als
heute. In der Barockzeit nutzte man den Aufenthalt in der
Oper bei Kerzenbeleuchtung zum Essen und Trinken, zur
Konversation, zu geschäftlichen Besprechungen. Seine volle
Aufmerksamkeit schenkte das Publikum vor allem den Arien
der Stars, sonst war der Lärmpegel im Zuschauerraum sicherlich beträchtlich. Die Komponisten haben darauf reagiert:
Häufig sind die Arien oder auch Ensembles an den Aktschlüs-
sen so komponiert, dass man als Publikum einfach losklat-
schen muss – bis heute.

Anders als in Deutschland wartet das italienische Publikum
mit seinen Beifallsbekundungen nicht, bis der letzte Ton ver-
klungen ist. »Bravo«- bzw. »Bravi«-Rufe, Rufe nach »Zugabe«

sind aber überall üblich, Standing Ovations als Zeichen besonderer Wertschätzung oder Pfiffe des Missfallens ebenso. Bezahlte Besucher, welche mit Begeisterungsbekundungen die positive Stimmung im Publikum anheizen sollen – traditionell als »Claqueure« bezeichnet – gibt es auch heute noch, und dies nicht nur in italienischen Theatern. Melomanen sind überall zu finden, in Wien kann es einem jedoch passieren, dass sich selbst der Taxifahrer als profunder Kenner aktueller Operninszenierungen ausweist.

Publikumsbekundungen sind das eine, die Urteile der Fachkritik das andere; manchmal entsprechen sie einander, manchmal nicht. Häufig prägen die Momentaufnahmen der professionellen Kritiker durchaus die Wahrnehmung einer Neuproduktion, bevor sich die Besucher selbst ein Bild davon machen konnten. Und nicht selten wurde die Beurteilung eines Werks oder einer Inszenierung im Verlauf der Rezeptionsgeschichte z. B. durch veränderte gesellschaftliche Rahmenbedingungen revidiert.

Verstärkte Aufmerksamkeit von Publikum wie Presse finden die Aufführungen von Mammutwerken wie Richard Wagners *Ring des Nibelungen* oder Hector Berlioz' fünfaktiger Grand Opéra *Les Troyens*, mit ihnen kann sich ein Theater profilieren. Für den Opernbetrieb bedeuten sie jedoch eine logistische Herausforderung – es bedarf einer besonderen Organisation, zusätzlicher Dienste und (Orchester-)Proben. Unübertroffen, was den zeitlichen Umfang angeht, ist mit insgesamt 29 Stunden Spieldauer im Übrigen der siebenteilige Opernzyklus *Licht, Die sieben Tage der Woche* des Komponisten Karlheinz Stockhausen, entstanden zwischen 1977 und 2002.

Jüngere Musikfreunde haben mitunter die Vorstellung, dass sie sich für die Oper besonders schick anziehen müssen.

Welche Verdi-Oper ist hier dargestellt? Auflösung am Ende des Buches

Insgesamt ist die Kleiderordnung hierzulande allerdings sehr viel lockerer geworden. Bei Premieren zeigt sich das Publikum nach wie vor elegant, in Repertoirevorstellungen fallen Jeans inzwischen nicht mehr negativ auf.

Anders in Italien: 2007 sorgte die Mailänder Scala für Aufregung, da sie – vermutlich als Reaktion auf die Bekleidung von Touristinnen und Touristen – Hinweise an die Besucher bezüglich eines Theater-Dresscodes veröffentlicht hat. Verboten sind: Shorts oder ärmellose T-Shirts. In englischer Version liest sich das auf der Homepage wie folgt:

> The public is kindly requested to dress in keeping with the decorum of the Theatre, out of respect for the Theatre and for other viewers. People wearing shorts or sleeveless T-shirts will not be allowed inside the auditorium; in this case, tickets will not be reimbursed.

Wer falsch angezogen ist, kommt also ebenso wenig in die Scala (wo im Fall eines solchen »Vergehens« überdies der Ticketpreis nicht rückerstattet wird) wie in den Petersdom.

Positionen

Am 27. April 1945 – kurz vor Ende des Zweiten Weltkriegs in Europa – formuliert Richard Strauss für Karl Böhm, den neuen Direktor der Wiener Staatsoper, sein »künstlerisches Vermächtnis«. Um seinen Nachfolger bei seiner »großen bevorstehenden Kulturarbeit«, nämlich dem Wiederaufbau des Musikwesens, zu unterstützen, schlägt er vor, in Analogie zum Kunstmuseum ein Opernmuseum zur Pflege der Oper zu errichten. Die gesamte Opernliteratur – darunter natürlich auch seine Werke – soll in zwei Theatern von verschiedener Größe kultiviert werden: »Die Spieloper« und ernste Opern mit normaler Orchesterbesetzung in einem Bau mit 1200 bis 1500 Zuschauerplätzen, die »große Oper« in einem Bau mit 1800 bis 3000 Plätzen und einem Orchestergraben, der 105 bis 110 Musiker aufnehmen kann. Für beide Häuser entwarf Strauss außerdem genaue Spielpläne, realisiert wurde das Projekt allerdings nie.

»Sprengt die Opernhäuser in die Luft!« – Diese Titelzeile über einem Interview mit dem Dirigenten und Komponisten Pierre Boulez im September 1967 im *SPIEGEL* [6] sorgte seinerzeit für Aufruhr und rief sogar noch vierzig Jahre später die Basler Polizei auf den Plan. Die nahm die Bombendrohung wörtlich: Als der betagte Dirigent sich Ende 2001 in der Schweiz aufhielt, erschien sie nachts im noblen Hotel Drei Könige, um ihn zu vernehmen – im Schweizer Fahndungsregister Ripol war noch ein Eintrag vorhanden.

Boulez' provokante Aussage hat sich als Argument von Operngegnern verselbständigt. Im Kontext des gesamten Interviews ging es jedoch eigentlich um die seiner Ansicht nach unzureichende Eignung konventioneller Opernhäuser für die Aufführung von modernen Opern – und vor diesem Hintergrund äußerte er, dass Neubauten die beste Möglichkeit seien:

SPIEGEL: Herr Boulez, glauben Sie, Ihr modernes Musiktheater in einem unserer ja sehr konventionellen Opernhäuser verwirklichen zu können?

BOULEZ: Ganz bestimmt nicht. Da kommen wir auch zu einem weiteren Grund, warum es heute keine moderne Oper gibt. Die neuen deutschen Opernhäuser sehen zwar sehr modern aus – von außen; innen sind sie äußerst altmodisch geblieben. In einem Theater, in dem vorwiegend Repertoire gespielt wird, da kann man doch nur mit größten Schwierigkeiten moderne Opern bringen – das ist unglaubwürdig. Die teuerste Lösung wäre, die Opernhäuser in die Luft zu sprengen. Aber glauben Sie nicht auch, daß dies die eleganteste wäre?

Pierre Boulez, der sich als Komponist wie als Dirigent immer sehr für die Musik des 20. und 21. Jahrhunderts eingesetzt hat, empfahl mit einer gewissen Ironie diese »teuerste, aber eleganteste Lösung« als Weg aus der Opernkrise, da in seinen Augen zum damaligen Zeitpunkt seit den beiden Opern *Wozzeck* (1925) und *Lulu* (1935 bzw. 1979 erstmals vervollständigte Fassung durch Cerha) von Alban Berg kein bedeutendes neues Werk fürs Musiktheater mehr entstanden sei.

Ein pikantes Detail: Dieses Interview gab Boulez ausgerechnet in Bayreuth, wo er wenige Monate zuvor Wagners

Parsifal mit ungewohnt raschen Tempi dirigiert hatte. Neun Jahre später, im Jahr 1976, war er Dirigent des »Jahrhundertrings« anlässlich des 100-jährigen Bestehens der Bayreuther Festspiele. Regie führte Patrice Chéreau: Die Handlung wurde in die Ära der frühen Industrialisierung verlegt, die Protagonisten in ihrer Kleidung als Mitglieder einer bürgerlichen Gesellschaft kenntlich gemacht. Dies sorgte zunächst für einen Skandal und heftige Publikumsreaktionen bis zu Stinkbomben-Würfen und Morddrohungen gegen den Regisseur. Später wurde die Inszenierung als ein Höhepunkt in der Geschichte der Bayreuther Festspiele gefeiert. Sie hat zweifelsohne Maßstäbe gesetzt.

Skandalträchtiges

Apropos Skandale: Sie gehören zur Operngeschichte wie der Gesang zur Oper. Die Anlässe waren sehr verschieden: Wahl bzw. Umsetzung des Stoffes, Modernität der Musiksprache (z. B. bei *Elektra/Salome*), schlechte oder nicht ausreichend vorbereitete Aufführungen, gesellschaftliche, moralische, religiöse oder künstlerische Tabubrüche (z. B. allzu freizügige Bekleidung der Darsteller). Meist kamen mehrere Faktoren zusammen.

Da ein Opernbesuch immer auch ein gesellschaftliches Ereignis ist, entladen sich gerade in diesem öffentlichen Rahmen gelegentlich gesellschaftliche oder nationale Konflikte.

Eine Aufführung von Pergolesis *La serva padrona* 1752 in Paris, knapp 20 Jahre nach der Entstehung des Werks, in dem eine listige Magd ihren Herrn dazu bringt, sie zu ehelichen, wurde zum Auslöser für den sogenannten Buffonisten-Streit.

Die Aufführung geriet zur Projektionsfläche eines Konflikts zwischen den Parteigängern der französischen und der italienischen Oper. Der konservative Flügel (Coin du Roi, Loge des Königs) favorisierte die französische Oper; die Progressiven (Coin de la Reine, Loge der Königin), unter ihnen die führenden Herausgeber der *Encyclopédie*, Denis Diderot, Jean-Baptiste le Rond d'Alembert und Jean-Jacques Rousseau, waren Verfechter der italienischen Oper. Der Konflikt wurde in über 60 Schriften ausgetragen, eine Konsequenz waren Veränderungen der Opernästhetik. Knapp zwei Jahrzehnte später setzte sich dieser Disput in einem Streit der »Gluckisten« und der »Piccinnisten« fort, Auslöser waren diesmal die Aufführungen von Glucks Reformopern in Paris. Als eines der Ergebnisse dieser Auseinandersetzung entstand mit der Opéra comique eine eigene französische komische Oper.

Revolutionäre Züge, die schließlich zur Geburtsstunde der Unabhängigkeit Belgiens führten, entwickelte 1830 eine Aufführung von Daniel-François-Esprit Aubers Grand Opéra *La Muette de Portici* (*Die Stumme von Portici*) im Theater La Monnaie in Brüssel. Im Zusammenhang mit dem Anlass der Aufführung, dem 59. Geburtstag von König Wilhelm I. der Niederlande, mobilisierten Passagen des Operntextes das Volk. Der Text des Duetts »Amour sacré de la patrie« (»Heilige Vaterlandsliebe«) und Massaniellos Aufforderung »Laufet zur Rache! Die Waffen, das Feuer! Auf dass unsere Wachsamkeit unserem Leid ein Ende bereitet«, wurden wörtlich genommen. Nach der Opernaufführung entstanden Unruhen gegen die ungeliebte niederländische Herrschaft, und diese waren der Auslöser für die belgische Revolution.

Drei Jahrzehnte später, am 13. März 1861, verursachte in Paris die Premiere von Richard Wagners *Tannhäuser* einen Skandal. Grund war allerdings nicht – wie bei späteren Aufführungen der Oper – eine freizügige Bühnendarstellung der Venus-Szene, sondern dass Wagner sich zwar dazu bereit erklärte, der Tradition des Hauses und der Grand Opéra folgend ein Ballett einzufügen, jedoch nicht wie üblich im zweiten Akt, sondern bereits im ersten. Nun pflegten die Mitglieder des einflussreichen aristokratischen Jockey Clubs während des ersten Aktes außerhalb zu dinieren. Als sie zum zweiten Akt erschienen, um das Ballett zu sehen und danach hinter den Kulissen »näheren Verkehr mit den springenden Nymphen« zu genießen, war es zu spät. Aus Rache inszenierten die Herren bei der nächsten Aufführung am 18. März eine Störaktion mit lautstarken, sich zu Trillerpfeifenkonzerten steigernden Protesten. Dafür ließen sie sogar silberne Trillerpfeifchen mit der Aufschrift »Pour Tannhäuser« verteilen. Wie häufig bei Negativschlagzeilen, heizten diese die Nachfrage zwar noch an, aber schon bei der dritten Aufführung am 24. März wurde »die Schlacht um Tannhäuser« so heftig, dass Wagner seine Oper trotz vorangegangener fast einjähriger Probenphase zurückzog.

Seit die Opernregie in der 2. Hälfte des 19. Jahrhunderts als eigenständige Leistung hinzugekommen ist, steht oft nicht nur das Werk selbst, sondern auch dessen Inszenierung im Mittelpunkt von Theaterskandalen. Stein des Anstoßes können die szenische Umsetzung oder auch der Umgang mit dem Originaltext sein. Dies gilt besonders, wenn der Regisseur bewusst der Gesellschaft einen Spiegel vorhalten möchte, um die Aktualität des Geschehens zu vermitteln. Populäre Opern von Wagner (*Tannhäuser*, *Meistersinger*) und Verdi (*Nabucco*, *Aida*) werden gerade aufgrund ihrer Rezeptionsgeschichte in modernen Inszenierungen bisweilen bewusst provokatorisch angelegt. Bei manchen Regisseuren erwartet man inzwischen geradezu einen Skandal. Manchmal werden jedoch schlicht die Erwartungen des Publikums an einen angenehmen Opernabend enttäuscht, wenn der Protagonist von *Hoffmanns Erzählungen* bei Jürgen Flimm als betrunkener Ehemann Vulgärsprache gebraucht (1982, Hamburger Staatsoper) oder Aida bei Hans Neuenfels mit Zinkeimer und Wischlappen Museumsflure putzt (1981, Oper Frankfurt).

Als Wieland Wagner 1951 die Leitung der Bayreuther Festspiele übernahm, setzte er mit seiner »Entrümpelung der Bühne« auf eine Reduktion der bühnentechnischen Mittel und der Kulissen. Stattdessen legte er den Fokus auf die Personenführung – und erntete zunächst ob der kahlen Bühne einige Verwunderung.

In den letzten Jahren überraschte Bayreuth immer wieder durch das Engagement von Regisseuren oder Künstlern, die mit Wagner bisher nichts zu tun hatten. Für Aufsehen sorgte die letztlich geplatzte Verpflichtung des provokanten bildenden Künstlers Jonathan Meese als Regisseur von Wagners *Parsifal* im Jahr 2016. Mitte November 2014 trennten sich die Festspiele von Meese, da dessen Konzept nicht finanzierbar sei. Er selbst beschimpfte Bayreuth in einem *Parsifal Manifest*.

»Es kann nur etwas Neues entstehen, wenn man das macht, was man nicht kann« oder »Eine gelungene Aufführung wäre eine gelungene Beerdigung des Publikums«. Mit solchen Aussagen polarisierte der Schriftsteller und Theatermann Heiner Müller 1993 schon im Vorfeld seiner Bayreuther Inszenierung von *Tristan und Isolde*. In Müllers Inszenierung des fast vierstündigen Werks hatten die Protagonisten jegliche Nähe zu vermeiden, sogar im fast 40-minütigen Liebesduett, allerdings gestaltete sich die Personenführung sehr konzentriert. Buhs und Pfiffe am Premierenabend waren die Folge. Müller reagierte gleichgültig. Ihn interessiere der *Tristan*, nicht das Publikum, ließ er verlauten, und tatsächlich war die Inszenierung – ich selbst konnte sie als Bayreuth-Stipendiat erleben – so ein- und nachdrücklich, dass mir die Bilder bis heute vor Augen sind. Aus inhaltlichen Gründen häufig kein Glück beschieden war Aufführungen des *Tannhäuser*. Mal führte der Versuch, das Schicksal des Sängers sozialkritisch als »Reise eines Künstlers durch innere und äußere Welten« darzustellen, hemdsärmeliger Männerchor im Finale inklusive, zu Assoziationen zur Arbeiterbewegung der DDR und damit zu Protesten des Publikums (1972, der Ostberliner Regisseur Götz Friedrich bei den Bayreuther Festspielen). Mal rief eine Verlegung in die Zeit des Nationalsozialismus mit drastischen Bildern (2013, Burkhard C. Kosminski für die Deutsche Oper am Rhein in Düsseldorf) sogar körperliche Beschwerden bei einigen Zuschauern hervor und wurde als »geschmacklos« empfunden. Der Intendant Christoph Meyer ließ das Werk damals nur noch konzertant aufführen.

Aber auch Mozart-Inszenierungen provozierten Skandale, sei es durch eine Modernisierung des Textes von Mozarts *Figaro* mit Szenesprache (1983, Stuttgarter Staatsoper, Regie: Peter Zadek) oder durch eine von Kirchenvertretern als »religionsfeindlich und menschenverachtend« eingestufte Inszenierung des *Idomeneo* 2006 an der Deutschen Oper Berlin in der Regie von Hans Neuenfels; das Stück wurde vor der Premiere abgesetzt, was eine Kontroverse über die Kunstfreiheit auslöste, zu der sich sogar die Bundeskanzlerin äußerte.

Fünfter Akt
Der (un)ferne Klang (Franz Schreker):
Oper im Zeitalter der Massenmedien

Als Edison am 24. Dezember 1877 das Kinderlied »Mary had a little lamb« in den Trichter seines Phonographs sang, dachte er eher an die Verwendung seiner Erfindung als Stenographiegerät, also an ein Gerät für die Aufnahme- und Wiedergabe von Sprache. Dass er damit auch die Verbreitung von Opern revolutionieren sollte, konnte er nicht ahnen.

Ton und Bildträger haben ein Gedächtnis für Interpreten und Interpretationen der Vergangenheit geschaffen. Manche Künstler, beispielsweise Maria Callas oder Fritz Wunderlich, erlangten durch ihre Aufnahmen Unsterblichkeit und scharten Fans um sich, die sie nie live erleben konnten.

Zu Beginn des 20. Jahrhunderts bewegte der künstlerische Leiter der von Emil Berliner 1898 gegründeten Londoner »English Gramophone & Typewriter Company« (G & T), Fred W. Gaisberg, den russischen Bassisten Feodor Schaljapin zu einer Aufnahme, ein Jahr später den noch jungen italienischen Tenor Enrico Caruso. Aber auch die Sopranistinnen Nellie Melba und Adelina Patti sangen in den Trichter. Diese unschätzbaren

Tondokumente verhalfen dem neuen Industriezweig zu Popularität. Insbesondere die Aufnahmen mit Caruso (insgesamt 234 zwischen 1902 und 1921, auch für die Schallplattenfirmen Pathé, Zonofone und Victor) verkauften sich sehr gut und förderten umgekehrt die Karriere des Tenors; das Bonmot »Caruso made the gramophone, and the gramophone made him« trifft durchaus zu.

Als erster Sänger der Geschichte verdankte der Tenor einen wesentlichen Teil seines Ruhms und seiner Wirkung der »Konserve«. Bereits im Jahr 1907 erhielt Caruso die erste Goldene Schallplatte für 1 Million verkaufte Exemplare von »Vesti la giubba« aus *Pagliacci*.

Im Laufe der Zeit ließen sich immer mehr Künstler zu Aufnahmen bewegen und machten die Erfindung populär. Die Einführung der LP mit ihrer erheblich gesteigerten Spielzeit ermöglichte Orchester- und Operngesamtaufnahmen ohne Unterbrechungen. Nach und nach spielten alle großen Plattenfirmen das Opernrepertoire vom 17. Jahrhundert bis zur Gegenwart mit führenden Sängern und Dirigenten wie Beecham, de Sabata, Furtwängler, Karajan, Kleiber, Krauss und Toscanini ein. So produzierte in den 50er Jahren Decca italienische Opern mit Renata Tebaldi, Mario del Monaco und der Accademia di Santa Caecilia in Rom, die EMI in der Mailänder Scala mit Maria Callas, Giuseppe di Stefano und Tito Gobbi und RCA mit den führenden Sängern der Metropolitan Opera New York. Weitere Plattenfirmen wie die DGG, Philips und Westminster folgten.

Der Musikproduzent Walter Legge (1906–1979) arbeitete seit 1927 bei EMI (Electric & Musical Industries Ltd.). Ihm schwebten keine »Klangphotographien« vor, sondern Schallplatten, an deren hohem Standard öffentliche Aufführungen und zukünftige Künstler gemessen würden. Legge definierte seine Tätigkeit prägnant als die einer »Hebamme der Musik«. Viele seiner Opernproduktionen haben noch heute Referenzcharakter, besonders hervorzuheben ist hinsichtlich Interpretation, klanglicher Gestaltung und stimmiger Gesamtbalance die legendäre *Tosca*-Einspielung von 1953 mit Maria Callas.

Als Senior Producer beim konkurrierenden Label Decca war ab 1955 John Culshaw (1924–1980) beschäftigt. Er nutzte die Möglichkeiten der gerade erst aufgekommenen Stereophonie, um Opern akustisch umzusetzen, indem er vor dem Ohr des Zuhörers eine akustische Bühne (eine »Sonic Stage«) erstehen ließ. Mit den Wiener Philharmonikern unter Georg Solti, seit 1946 bei Decca unter Vertrag, und erlesenen Solisten wurden Aufnahmen von Strauss-Opern wie *Salome* und *Elektra* realisiert und zwischen 1958 und 1965 im inzwischen abgebrannten Wiener Sofiensaal der erste stereophone *Ring des Nibelungen*, veröffentlicht auf 12 Schallplatten. Culshaw ging es darum, die Anweisungen der Partitur und Wagners Regieanweisungen hörbar zu machen und die Aufnahme mit enormem Aufwand akustisch zu »inszenieren«. In seinem Buch *Ring resounding* erinnert er sich, wie er, der Wagnerschen Regieanweisung im *Rheingold* folgend, 18 Ambosse aus Wien auffahren ließ, um dann festzustellen, dass es kompliziert war, diese als »Musikinstrumente« zu benutzen. Aufgrund der großen Lautstärke, die sie erzeugten, war es nämlich schwierig, sie rhythmisch präzise anzuschlagen. (Culshaw, S. 84 ff.)

Von Herbert von Karajan (1908–1989) als einer der markantesten Musikerpersönlichkeiten des 20. Jahrhunderts war bereits die Rede. Seine über 50-jährige Schallplattenkarriere begann 1938, mit der Aufnahme der Ouvertüre zu Mozarts *Zauberflöte*, und dauerte bis zu seinem Tod 1989. Vorzugsweise

Enrico Caruso mit einem angepassten Victrola Phonograph, ein Geschenk zu seiner Hochzeit 1918

arbeitete er mit der DGG (Deutsche Grammophon Gesellschaft) zusammen, mit Ausnahme der Nachkriegszeit, während der er wegen Berufsverbots in Deutschland für die EMI tätig war. Unter den mehr als 800 von Karajan vorgelegten Aufnahmen befinden sich zahlreiche Operneinspielungen. Er verstand es, sich virtuos des Instrumentariums von Technik und Selbstvermarktung zu bedienen, und setzte, wie bereits erwähnt, bei Opernaufnahmen die Originalsprache durch, damit diese weltweite Absatzmärkte finden konnten.

Oper an ungewöhnlichen Orten

An Versuchen, Oper zu popularisieren, mangelt es nicht. In den letzten Jahren gehen die Theater vermehrt neue Wege, um das Publikum zu erreichen. Dabei verlassen sie auch ihre klassischen Spielstätten und schaffen neue Orte für das Opernerlebnis.

Sehr kreativ sind diesbezüglich die Opernhäuser der Nordwestschweiz und das Schweizer Fernsehen. Ein mutiges Experiment war die Liveübertragung einer Inszenierung von Verdis *La Traviata* als einer Art »Flashmob Opera« aus dem Hauptbahnhof Zürich am 30. September 2008 bei laufendem Bahnhofsbetrieb. Am 1. Oktober 2010 wurde Giuseppe Verdis *Aida* vom Nil an den Rhein verlagert. Ein Fernseh-Großereignis mit 30 Kameras, inszeniert von Schweizer Fernsehen, Theater Basel und Sinfonieorchester Basel, bei dem ein Kiesschiff zum »Opernschiff« umfunktioniert wurde.

Das europäische Kooperationsprojekt *Opera Out of Opera* von acht Musikinstitutionen führt Opern an ungewöhnlichen Orten auf und ermöglicht zudem über eine App den Blick hinter die Kulissen. Es soll ein Publikum erreicht werden, das sonst nicht mit Oper in Berührung kommt. (https://www.operaoutofopera.eu/)

Oper an Originalschauplätzen und im Film

Die Inszenierung von klassischer Musik als Event für ein breiteres Publikum macht besonders vor populären Opern nicht halt.

1992 wurde in Rom *Tosca* an den Originalschauplätzen (Basilica di Sant'Andrea della Valle, Palazzo Farnese, Castel Sant'Angelo) zu den Originaltageszeiten gedreht und übertragen. Mit Catherine Malfitano in der Titelrolle, Plàcido Domingo als Cavaradossi, Ruggero Raimondi als Scarpia und Zubin Mehta am Dirigentenpult hat diese Produktion Geschichte geschrieben.

Acht Jahre später geschah Ähnliches mit Verdis *La Traviata* in Paris. Unter Mitwirkung von Eteri Gvazava, José Cura, Rolando Panerai und erneut Zubin Mehta wurde an historischen Schauplätzen gedreht, von denen man annahm, dass sie dem Roman und Schauspiel *Die Kameliendame* von Alexandre Dumas (Sohn), zugrunde liegen könnten, die wiederum die Vorlage zu Verdis Oper bildeten. Auch hier inszenierte man zu den entsprechenden Tageszeiten und übertrug in 125 Länder.

Beliebt und erfolgreich ist auch die Umsetzung von Opern, die nicht nur eine Theateraufführung dokumentieren, sondern mit filmischen Mitteln inszeniert sind. Sehr verdient um diese Sparte hat sich der italienische Regisseur Franco Zeffirelli gemacht. Er verfilmte *Pagliacci* (1981), *Cavalleria rusticana* (1982), *La Traviata* (1982) und *Otello* (1986) – übrigens stets mit Plàcido Domingo in der Tenorrolle. Große Beachtung fand aber auch Francesco Rosis preisgekrönter *Carmen*-Film von 1984 mit Julia Migenes in der Titelrolle und erneut dem offenbar unverzichtbaren Plàcido Domingo als Don José.

Oper Open Air – Verona und Bregenz

Die Arena di Verona, ein antikes römisches Amphitheater im Nordosten Italiens, bietet bis zu 22 000 Zuschauern Platz. Seit dort 1913 Giuseppe Verdis *Aida* aus Anlass des 100. Geburtstags des Komponisten erfolgreich gespielt wurde, bildet sie die Kulisse für spektakuläre Aufführungen vor Tausenden Besuchern. Ein Open-Air-Festival mit Wetterrisiko, aber eben auch mit besonderer Atmosphäre. Auf dem Programm stehen überwiegend die bekannten Werke der italienischen Komponisten und andere Kassenschlager, meist Ausstattungsopern. Im Jahr 2024 haben 417 000 Zuschauer die 50 Vorstellungen gesehen – das sind im Schnitt 8627 Besucher pro Abend. Bei den Aufführungen der *Aida* kommen im Rahmen des Triumphmarschs die extra für diese Oper konstruierten langen Aida-Trompeten mit verlängertem Schalltrichter besonders wirkungsvoll und klangstark zum Einsatz.

Auch nördlich der Alpen kann man Oper vielerorts unter freiem Himmel erleben, z. B. bei Festivals in südfranzösischen Orten wie Aix-en-Provence oder Orange. Für Fans des Spektakels gibt es am Bodensee die Seebühne Bregenz, die sich, wie der Name schon sagt, unweit vom Ufer im See befindet. Was im August 1946 ganz klein mit einer Aufführung der Vorarlberger Landesbühne von Max Wells *Die Sieben gegen Theben* auf einem Bootssteg am Bodenseeufer begann, ist inzwischen ein vierwöchiges Event, bei dem allabendlich fünf Wochen lang bis zu 7000 Besucher außergewöhnliche Aufführungen von Klassikern des Opernrepertoires erleben können – Spezialeffekte inbegriffen. Da gibt es schon einmal ein Feuerwerk, wenn die Königin der Nacht in Mozarts *Zauberflöte* auftritt, oder am Ende des *Fliegenden Holländers* stürzt sich ein Senta-Double aus geschätzten 30 Metern hinab in den Bodensee.

Oper im Fernsehen und auf DVD

Schon zu Zeiten von Video und Bildplatte gab es Opernfilme fürs Heimkino. Doch erst das Massenmedium DVD bot hohe Qualität. DVDs – wie inzwischen auch Online-Mediatheken – eröffnen die Möglichkeit, Inszenierung wie Handlung intensiver kennenzulernen und Details, die bei einem Opernbesuch möglicherweise untergehen, genauer zu ergründen. Hilfreich sind auch die meist einzublendenden Untertitel.

Inzwischen sind die wichtigsten Opern auf Ton- und Bildträgern oder in elektronischen Mediatheken verfügbar, die populären Opern Rossinis, Mozarts, Verdis oder Wagners meist sogar in mehreren Interpretationen. Jubiläen erweisen sich oft als willkommener Anlass, auch seltenere und ausgefallenere Opern medial zu dokumentieren.

Oper im Kino und Public Viewing

Es begann mit Radioübertragungen der Nachmittagsveranstaltungen aus der Metropolitan Opera in New York weltweit per Satellit. Durch die Zeitverschiebung waren diese in Europa optimal fürs Abendprogramm planbar. Dann ging es in die Kinos. Dank ausgefeilter Videotechnik mit geschätzt 20 Kameras sitzt der Kinobesucher sozusagen in der 1. Reihe und darf, anders als der Besucher in der MET, vor der Aufführung und in der Pause einen Blick hinter die Kulissen werfen. Manchmal gibt es auch einen Begrüßungssekt. Angesichts sinkender Besucherzahlen sind solche Veranstaltungen für Kinobetreiber heute mehr als nur ein kleines Zubrot. 2018 sahen an einem einzigen Abend rund 42 000 Zuschauer in ca. 230 deutschen und österreichischen Kinos eine Übertragung von Giuseppe Verdis *La Traviata* aus der New Yorker MET, bei Preisen von 30 Euro pro Ticket.

Weniger spektakulär, dafür günstiger, ist es im Fernsehen. So übertrug der deutsch-französische Fernsehsender ARTE in der »Saison ARTE Opera« 2018–2019 Opernaufführungen aus 22 Opernhäusern in 14 Ländern.

Sehr gut angenommen wird das Konzept des Public Viewing: Um auch jenen Interessentinnen und Interessenten Teilhabe zu ermöglichen, die sich eine Karte nicht leisten können oder wollen – aber über ihre Steuern die Festspiele mit subventionieren –, gibt es bei den Sommerfestivals in Bayreuth, Salzburg und München gratis Open-Air-Projektionen der Opernproduktionen, im Falle von Bayreuth sozusagen »Wagner light« auf der Picknickdecke anstelle der harten Holzstühle im Festspielhaus.

Applaus
»Weißt du, wie das wird?« (*Götterdämmerung*): Die Zukunft der Oper

Heute wird man in der Oper eher ältere Zuschauer antreffen. Deshalb stellt sich zunächst die Frage nach dem Publikum der Zukunft. Wie kann man junge Menschen für die Gattung der Oper begeistern bzw. was könnte dem entgegenstehen? Für Opernhäuser eine Herausforderung, die es zu meistern gilt.

Wie oben dargelegt, sollten Preise, Kleiderordnung oder Abo-Bindung kein Hindernis darstellen. Aber das Freizeitverhalten ändert sich, und die Opernhäuser müssen sich dem jüngeren Publikum öffnen, ohne das bisherige zu verschrecken.

Zum einen ist das möglich durch niederschwellige Angebote: Oper für alle im öffentlichen Raum, multimediale Opernerlebnisse, welche die Jugendlichen in ihrer Lebenswelt abholen – häufig sind bereits Videozuspielungen und Animationen Bestandteil oder Ergänzung des Bühnenbildes. Vermittlungsangebote, wie Einführungsveranstaltungen, Downloadmöglichkeit der Programmhefte, Social-Media-Angebote, Oper im Kino, von denen durchaus auch das alteingesessene

Publikum profitiert, sind ebenfalls reichlich vorhanden. Neu in diesem Bereich sind 3D-Animationen.

Das Einbeziehen filmischer Elemente ist inzwischen wie gesagt sehr präsent – im Extrem in Benedikt von Peters *Don Giovanni*-Inszenierung (Staatsoper Hannover 2014), in der der Titelheld nur als Kamerabild zu sehen ist. Immer öfter wird das reine Erlebnis im Opernhaus mit Erzählweisen im virtuellen Raum kombiniert, durch ein Echo der Live-Aufführung in sozialen Netzwerken (wie bei der Stadtteil-Oper in Bremen), durch eine Beteiligung der Internet-Community von Opernfans oder – wie bei den Cyberräubern Berlin – durch eine interaktive Virtual-Reality-Oper im Serienformat als Erlebniswelt in Ergänzung zur klassischen Aufführung (*Digital Freischütz*, Karlsruhe und Linz 2019). Im Staatstheater Augsburg konnten die Zuschauer bei Glucks *Orpheus und Eurydike* mittels 3D-Brillen in die Unterwelt eintauchen (2020), im ehrwürdigen Bayreuther Festspielhaus kann seit 2023 zumindest ein Teil des Publikums Richard Wagners *Parsifal* zusätzlich mit Augmented-Reality-Brillen erleben. Aktuell (2024) haben bereits mehrere Theater und Opernhäuser im deutschsprachigen Raum digitale Sparten oder arbeiten zumindest regelmäßig mit digitaler Technologie (Mixed Reality, Online-Erlebnisse, Einsatz von KI, Robotik oder Sensorik, Beschäftigung von Creative Technologists).

Einerseits befördert durch die Suche nach Alternativen in der Zeit der Coronapandemie (ab März 2020) andererseits durch technische Entwicklungen möchten diese Aktivitäten neue Publikumsschichten ansprechen, stellen zugleich aber auch die Gattung Oper mit ihrer bisherigen Erzählform auf den Prüfstand – aus dem lokalen, zeitbezogenen Ereignis wird im Extremfall ein weltweit abrufbares und zeitunabhängiges Erlebnis.

Auch inhaltlich entwickelt sich die Gattung Oper weiter. Es

entstehen immer wieder neue Werke für Festivals wie die Schwetzinger Festspiele, die Münchner Triennale, die Salzburger Festspiele oder auch für den regulären Theaterbetrieb. Opern, die zeitgeschichtliche Ereignisse aufgreifen, werden als »Zeitoper« (in den USA in Reminiszenz auf den bekannten privaten Nachrichtensender gerne als CNN-Oper) bezeichnet. Aufgegriffen werden hier anstelle historischer oder mythologischer Stoffe solche, die das aktuelle Zeitgeschehen verarbeiten. So nimmt *Nixon in China* (1987, John Adams / Alice Goodman) Bezug auf das Treffen von Richard Nixon und Mao Zedong 1972 in Peking, John Adams *Doctor Atomic* (2005) befasst sich mit der ethischen Frage des Einsatzes der Atombombe und Avner Dormans *Wahnfried* (2017, Text: Lutz Hübner und Sarah Nemitz) mit dem umstrittenen britischen Rassentheoretiker und Wagner-Verehrer Houston Stewart Chamberlain sowie dem Wagner-Clan. Ebenfalls 2017 hatte in New York die Oper *Bounce – The Basketball-Opera* von Glen Roven (Hauptkomponist) und Charles R. Smith, Jr. (Story und Libretto) Premiere. Erzählt wird in einem Mix aus Hip-Hop, R&B, Jazz, Gospel und klassischem Gesang die Geschichte eines jungen Sportlers. Eine Art musikpädagogisches Projekt, das Jugendliche ansprechen soll und z. B. auf Sportplätzen aufgeführt wird. Die Mitwirkenden sind nicht nur Profis, sondern auch Schüler. Eintauchen in die Phantasiewelten der isländischen Sängerin Björk konnte man 2018. Das Nationaltheater Mannheim hat in der Inszenierung der internationalen Künstlerwerkstatt Hotel Pro Forma das Konzeptalbum *Vespertine* (2001) der isländischen Pop-Künstlerin mit großem Orchester, Solisten und Kinder- und Frauenchor als Oper auf die Bühne gebracht. Es gibt inzwischen aber auch Opern über Stars und Sternchen wie die verstorbene Anne-Nicole Smith.

Eine zentrale Frage ist: Wie geht es weiter mit subventionierten Häusern, wenn der Legitimationsdruck für alle öffentlichen Aufgaben steigt? Welche Ansätze und Maßnahmen könnten sich künftig als sinnvoll erweisen? Neu sind Diskussionen, wie man mit historischen Libretti umgeht, deren Texte Vorurteile zu Rassismus oder Sexismus transportieren (Stichwort »Cancel Culture«); hier werden unterschiedliche Wege beschritten, von einer Kontextualisierung bis hin zum Umschreiben des Textes oder der Handlung. Das Aufgreifen aktueller Themen in den Libretti, die Suche nach neuen Formen der Verbreitung sowie neue Formate wie Kurzopern, ggf. eine mediale Anbindung scheinen mir hier der richtige Weg.

Die deutsche Theater- und Orchesterlandschaft ist seit 2014 immaterielles Kulturerbe der Deutschen UNESCO, der italienische Operngesang steht seit 2023 sogar auf der repräsentativen UNESCO-Liste des immateriellen Weltkulturerbe der Menschheit. Die Schweiz ist noch weiter. Sie hat 2012 per Volksabstimmung einen neuen Artikel (Art. 67a) zur Jugendmusikförderung in die Verfassung aufgenommen und sich damit zum Angebot von hochwertiger musikalischer Bildung verpflichtet.

Auch wenn der (ABB-)Roboter YuMi 2017 in Pisa Opernarien mit Andrea Bocelli und dem Lucca Symphony Orchestra dirigiert hat, wird die Opernproduktion durch Neue Medien allenfalls ökonomisiert und in Bezug auf Bühnenbild wie klangliche Vielfalt erweitert. Das Grundbedürfnis, sich mit Singen als natürlichster Form musikalisch auszudrücken, wird bleiben und damit eine Existenzberechtigung für die Form der Oper.

Eine Olympia, wie die mechanische Opernsängerin in *Hoffmanns Erzählungen*, die auf Knopfdruck Koloraturen von sich gibt und nach Ablaufen des Federwerks wieder aufgezogen werden muss, wird es in einer Version 2.0 mit App-Steuerung und Akkupack sicherlich bald geben. Es bleibt jedoch zu hoffen, dass sie ähnlich dem bereits existierenden künstlichen Nachrichtensprecher oder dem singenden Roboter Myon in der Robot-Reality-Oper *My Square Lady* des deutsch-britischen Performance-Kollektivs »Gob Squad« (Komische Oper Berlin, 2015) ein Experiment bleibt. Es lohnt sich, das Live-Erlebnis zu bewahren, denn letztlich können nur Künstlerinnen und Künstler aus Fleisch und Blut die Gefühle einer Rolle mit dem Publikum teilen.

Sollten Sie nun Lust bekommen haben, hier noch die ultimative Liste der zehn »schönsten Opern aller Zeiten« aus einem Publikumsvoting von 3sat, ZDFtheaterkanal und Classica aus dem Jahr 2009 (zur Auswahl standen die 30 beliebtesten Opern nach Besucherzahlen, erhoben in der jährlichen Werkstatistik des Deutschen Bühnenvereins):

- *Aida* von Giuseppe Verdi
- *La Bohème* von Giacomo Puccini
- *Carmen* von Georges Bizet
- *Don Giovanni* von Wolfgang Amadeus Mozart
- *Fidelio* von Ludwig van Beethoven
- *Lohengrin* von Richard Wagner
- *Der Rosenkavalier* von Richard Strauss
- *Tosca* von Giacomo Puccini
- *La Traviata* von Giuseppe Verdi
- *Die Zauberflöte* von Wolfgang Amadeus Mozart.

Und abschließend noch die Auflösung des kleinen Quiz zu Verdi-Opern. Haben Sie die Opern erkannt? S. 38 *Macbeth*, S. 76 *Un Ballo in Maschera*.

Viel Spaß bei der Entdeckungsreise in die Welt der Oper!

Zugabe
Ein paar Tipps zum Schluss

5 Hörtipps

2002   Georg Friedrich Händel: Rinaldo. [Vivica Genaux, Miah Persson, Inga Kalna, Dominique Visse, James Rutherford, Freiburger Barockorchester unter der Leitung von Rene Jacobs. harmonia mundi, 2002.]
Händels erste Oper für London aus dem Jahr 1711 ist ein musikalisches Feuerwerk, was die Klangvielfalt und die Virtuosität der Arien angeht. Sie begeistert in historisch-informierter Aufführungspraxis mit einer Traumbesetzung, Farbenreichtum und raschen Tempi.

1964   Wolfgang Amadeus Mozart: Die Zauberflöte. [Nicolai Gedda, Gundula Janowitz, Christa Ludwig, Walter Berry, Lucia Popp, Philharmonia Orchestra unter der Leitung von Otto Klemperer. EMI 1964.]
Mozarts Meisterwerk unter Otto Klemperer mit Starbesetzung.

1958–1965   Richard Wagner: Der Ring des Nibelungen. [Birgit Nilson, Hans Hotter, Christa Ludwig, Eberhard Wächter,

Lucia Popp, Wiener Philharmoniker unter der Leitung von Georg Solti. Decca.]

Erster Stereo-Ring auf LP, aufgenommen in den Wiener Sofiensälen zwischen 1958 und 1965.

1956   Richard Strauss: Der Rosenkavalier. [Elisabeth Schwarzkopf, Christa Ludwig, Teresa Stich-Randall, Nicolai Gedda, Philharmonia Orchestra unter der Leitung von Herbert von Karajan. EMI 1956.]

Paradepartie von Elisabeth Schwarzkopf, produziert von Walter Legge.

1953   Giacomo Puccini: Tosca. [Maria Callas, Giuseppe di Stefano, Tito Gobbi, Chor und Orchester der Mailänder Scala unter der Leitung von Victor de Sabata. EMI CDS 7471758 (2 CDs, Mono) 1953.]

Legendäre Produktion mit Maria Callas, produziert von Walter Legge.

5 Buchtipps

Jürgen Kesting: Die großen Sänger. Kassel: Bärenreiter, 2010.

Rudolf Kloiber / Wulf Konold / Robert Maschka; Handbuch der Oper, Kassel: Bärenreiter 16. Aufl. 2024.

Reclams Opernführer. Von Rolf Fath. Stuttgart: Reclam 41. Aufl. 2017.

Ulrich Schreiber: Opernführer für Fortgeschrittene. Die Geschichte des Musiktheaters. Kassel: Bärenreiter, 2010 ff. (Insgesamt 5 Bände.)

Michael Walter: Oper. Geschichte einer Institution. Stuttgart: J. B. Metzler, 2016.

3 Zeitschriften-Tipps

Opernwelt (Der Theaterverlag. Friedrich Berlin GmbH). – Mit Online-Auftritt: www.opernwelt.de und Service-Seiten (Premieren, Vorschau, Register, Kritikerumfrage).

Das Opernglas (Opernglas Verlags-GmbH, Hamburg). – Mit Onlineauftritt www.opernglas.de und Service-Seiten (Vorschau, Textarchiv, Links zu Opernhäusern).

Orpheus – Oper und mehr (Verlag Kulturbüro, Augsburg). Mit Onlineauftritt: www.orpheus-magazin.de (Vorschau, Archiv).

5 Linktipps

www.operabase.com – Kommerzielle Datenbank zu Opernaufführungen weltweit (Opernhäuser, Premieren, Vorstellungen, Festivals, Künstler), in der Grundversion kostenlos.

www.operone.de/libretti – Zusammenstellung verschiedener Libretti in mehreren Sprachen. Unter »Titel« Angaben zu Operntiteln.

http://opera-guide.ch – Homepage mit Infos zum Werk, Inhaltsangabe (nach Verfügbarkeit) Libretto, Noten, Highlights, außerdem Links zu Opernhäusern, Oper der Woche (mit Video), Kritiken und Opernquiz.

https://deropernfreund.de – Forum von Opernfreunden mit Werkkritiken.

www.omm.de OnlineMusikMagazin (OMM) – Musikmagazin im Internet mit Rezensionen, Berichten, Interviews und Festspielübersicht.

https://www.operaoutofopera.eu Opern an ungewöhnlichen Orten mit App, die einen Blick hinter die Kulissen ermöglicht (Homepage im Aufbau)

Playlist zum Buch

	Seiten-zahl	Stück	Gesangs-interpreten
1.	S. 8	»Lamento di Arianna« aus C. Monte-verdi: *L'Arianna* (Fragment) (1608)	Montserrat Figueras
2.	S. 8	»Ombra mai fu« aus G. F. Händel: *Serse* (1738)	Cecilia Bartoli
3.	S. 8	»Dies Bildnis ist bezaubernd schön« aus W. A. Mozart: *Die Zauberflöte* (1791)	Fritz Wunderlich
4.	S. 8	»Una voce poco fa« aus G. Rossini: *Il Barbiere di Siviglia* (1816)	Marilyn Horne
5.	S. 8	»Casta diva« aus V. Bellini: *Norma* (1831)	Maria Callas
6.	S. 9	»Va pensiero«, Chor aus G. Verdi: *Nabucco* (1842); berühmtester Chor aus Verdis Opern.	Orchester und Chor von La Scala, Ltg.: R. Muti
7.	S. 9	»La donna è mobile« aus G. Verdi: *Rigoletto* (1851)	Enrico Caruso
8.	S. 9	»Mon cœur s'ouvre à ta voix«, Arie aus C. Saint-Saën: *Samson et Dalila* (1877)	Grace Bumbry

	Seiten-zahl	Stück	Gesangs-interpreten
9.	S. 9	»Ebben, n'andrò lontana« aus A. Cata-lani: *La Wally* (1892). Die Arie zieht sich motivisch durch den Film *Diva* von Jean-Jacques Beineix.	Wilhel-menia Fernandez
10.	S. 9	»Nessun dorma« aus G. Puccini: *Turandot* (1926, posthum) aus dem Album *Three Tenors* (1994)	Luciano Pavarotti
11.	S. 20	»Toccata« aus C. Monteverdi: *Orfeo* (1607). Le Concert des Nations, Ltg. Jordi Savall	
12.	S. 32	Arie der Königin der Nacht: »Der Hölle Rache kocht in meinem Herzen« aus W. A. Mozart: *Die Zauberflöte* (1791)	Edda Moser
13.	S. 34	Arie »False imagine« aus G. F. Händel: *Ottone* (1723)	Lauren Snouffer
14.	S. 37	Arie der Königin der Nacht: »Der Hölle Rache kocht in meinem Herzen« aus W. A. Mozart: *Die Zauberflöte* (1791)	Florence Foster Jenkins
15.	S. 38	»Partie der Zerbinetta« aus Richard Strauss: *Ariadne auf Naxos* (1912/1916)	Edita Gruberowa
	S. 38	»Una voce poco fa«, Arie der Rosina aus G. Rossini: *Il Barbiere di Siviglia* (1816) – wie Tr. 4	
16.	S. 38	Arie der Cunegonde »Glitter and be Gay« aus L. Bernstein: *Candide* (1956)	June Anderson
17.	S. 39	»Alto giove« aus N. Porpora: *Polifemo*. Rekonstruktion einer Kastratenstimme durch das IRCAM für den Film *Farinelli* (1994)	Derek Lee Ragin / Ewa Malas-Godlewska
	S. 40	V. Bellini: *Norma* – wie Tr. 5	

	Seiten- zahl	Stück	Gesangs- interpreten
18.	S. 42	The Three Tenors in Concert: »Nessun dorma« aus G. Puccini: *Turandot* (1926, posthum) – wie Tr. 10	L. Pavarotti, P. Domingos, J. Carreras
19.	S. 85	»Vesti la giubba« aus R. Leoncavallo: *Pagliacci* (1892), erste Goldene Schallplatte für 1 Million verkaufte Exemplare	Enrico Caruso
	S. 98 f.	5 Hörtipps: Bei den Gesamtaufnahmen sind nur die Highlights bzw. der erste Track aufgenommen, mit einem Klick können Sie sich natürlich auch die Gesamtaufnahmen anhören.	
20.	S. 98 f.	G. F. Händel: *Rinaldo* [Vivica Genaux, Miah Persson, Inga Kalna, Dominique Visse, James Rutherford, Freiburger Barockorchester. Ltg. René Jacobs. harmonia mundi, 2002.]	
21.	S. 98 f.	W. A. Mozart: *Die Zauberflöte* [Nicolai Gedda, Gundula Janowitz, Christa Ludwig, Walter Berry, Lucia Popp, Philharmonia Orchestra, Ltg. O. Klemperer. EMI 1964.]	
22.	S. 98 f.	R. Wagner: *Der Ring des Nibelungen: Rheingold.* [Birgit Nilson, Hans Hotter, Christa Ludwig, Eberhard Wächter, Lucia Popp, Wiener Philharmoniker, Ltg. G. Solti. Decca 1958–1965.]	
23.	S. 98 f.	R. Wagner: *Die Walküre* (dito)	
24.	S. 98 f.	R. Wagner: *Siegfried* (dito)	

	Seiten-zahl	Stück	Gesangs-interpreten
25.	S. 98 f.	R. Wagner: *Die Götterdämmerung* (dito)	
26.	S. 98 f.	R. Strauss: *Der Rosenkavalier* [Elisabeth Schwarzkopf, Christa Ludwig, Teresa Stich-Randall, Nicolai Gedda, Phil-harmonia Orchestra, Ltg. H. v. Karajan. EMI 1956.]	
27.	S. 98 f.	G. Puccini: *Tosca* [Maria Callas, Giuseppe di Stefano, Tito Gobbi, Chor und Orchester der Mailänder Scala. Ltg. Victor de Sabata. EMI (2 CDs, Mono) 1953.]	

Erwähnte Bücher und Links

Bücher

Oskar Bie: Die Oper. Berlin: S. Fischer Verlag, 1983. [Reprint der Ausg. von 1913.]

John Culshaw: Ring resounding. New York: The Viking Press, 1967.

Albert Gier: Perspektiven der Librettoforschung. Die Gattung Libretto und ihre Theorie. Vortrag am Musikwissenschaftlichen Institut der Universität Bochum am 25. Juni 1998.

Werner Jensen: Oper intern. Berufsalltag vor und hinter den Kulissen. Mainz: Schott, ²2010.

Jörg Rössel / Michael Hoelscher: Wer geht warum in die Oper? Sozialstruktur und Motive des Opernbesuchs. In: Karl-Heinz Reuband (Hrsg.): Oper, Publikum und Gesellschaft. Wiesbaden: Springer VS, 2018. S. 241–258.

Richard Strauss: Künstlerisches Vermächtnis. An Karl Böhm. Garmisch, 27. April 1945. In: Österreichische Musikzeitschrift. Juli/August 1954. Wien.

Richard Strauss, Hugo von Hofmannsthal. Briefwechsel. Hrsg. von Willi Schuh. München: Piper, 1996.

Riemann Musiklexikon. Hrsg. von Wolfgang Ruf [u. a.]. Mainz: Schott, 2012.

Links

[1] https://www.operabase.com/statistics/de

[2] operabase.com, genauer: http://operabase.com/top.cgi?lang=de&season=2017

[3] https://de.statista.com/statistik/daten/studie/205067/umfrage/anzahl-der-besucher-von-opern-in-deutschen-theatern

[4] https://www.wiener-staatsoper.at/das-haus/staatsoper

[5] https://miz.org/de/beitraege/musiktheater

[6] Der SPIEGEL. Heft 40/1967. 25. September 1967. S. 166 ff.